清·傅山墨迹选

中国书法名碑名帖原色放大本

胡紫桂 主编

湖南美术出版社
全国百佳图书出版单位

图书在版编目（CIP）数据

清·傅山墨迹选 / 胡紫桂主编. — 长沙：湖南美术出版社，2015.10

（中国书法名碑名帖原色放大本）

ISBN 978-7-5356-7568-2

Ⅰ. ①清… Ⅱ. ①胡… Ⅲ. ①汉字－法书－中国－清代 Ⅳ. ①J292.26

中国版本图书馆CIP数据核字（2016）第021149号

Qing · Fu Shan Mojixuan

清·傅山墨迹选

（中国书法名碑名帖原色放大本）

出 版 人：黄 啸

主　　编：胡紫桂

副 主 编：邹方斌　陈　麟

编　　委：谢友国　倪丽华　齐　飞

责任编辑：邹方斌

责任校对：王玉蓉

装帧设计：造书房

版式设计：彭　莹

出版发行：湖南美术出版社

（长沙市东二环一段622号）

经　　销：全国新华书店

印　　刷：成都中嘉设计印务有限责任公司

（成都蛟龙工业港双流园区李渡路街道80号）

开　　本：889×1194　1/8

印　　张：5.5

版　　次：2015年10月第1版

印　　次：2019年11月第2次印刷

书　　号：ISBN 978-7-5356-7568-2

定　　价：40.00元

邮购联系：028-85939832　邮编：610041

网　　址：http://www.scwj.net

电子邮箱：contact@scwj.net

如有倒装、破损、少页等印装质量问题，请与印刷厂联系斢换。

联系电话：028-85939809

傅山（1607—1684），阳曲（今属山西太原）人，初名鼎臣，字青竹，改名山，字青主，别号侨山、公它、丹崖子、青羊庵主等，入清后又名真山，号朱衣道人、观化翁。傅山自幼颖悟，读书过目成诵；亦胆勇过人，曾率诸生上书，为山西提学袁继咸讼冤，勇挫宦官，由此声名大振。明亡，傅山坚持抗清并曾被捕，经友人营救出狱，后隐居深山为道士。康熙中，当地官员举荐其试博学鸿词科，傅山称病推辞。官吏们竟连同床榻一起抬其进京，但傅山仍于城外抵死不入，此事只得作罢。傅山于哲学、医学、儒学、佛学、诗歌、书法、绘画、金石、考据，无所不通，著述颇丰，可惜大都散佚，只存书名和篇名，今存《霜红龛集》《两汉人名韵》《傅青主女科》等。

傅山工书。其书从晋唐入手，曾学钟繇、二王小楷等，后又学颜真卿《颜氏家庙碑》及《争座位帖》，二十岁时，他已遍临传世晋唐楷书。傅山喜以篆隶笔法作书，融钟王意趣入颜，并受晚明书风影响，倡导个性。其论书有『四宁四毋』之名言：『宁拙毋巧，宁丑毋媚，宁支离毋轻滑，宁真率毋安排。』傅山最擅长者为连绵狂草，自由奔放，笔画劲利多姿。马宗霍《书林藻鉴》评价曰：『青主隶书，论者谓怪过而近於俗。然草书则宕逸浑脱，可与石斋、觉斯伯仲。』

本册所收《行草与戴枫仲等人书札册页》和《篆隶行草楷杂记册页》，均为小字册页。《行草与戴枫仲等人书札册页》为傅山所作十余通信札，内容为讨论读书、医病、文学等，足可见傅山之博学该通。此帖运笔精熟，潇洒流丽，极为精彩。而《篆隶行草楷杂记册页》将五种书体混合到一帖，驾轻就熟，充分展示了傅山各体兼擅的特点。该帖用笔老到，寓巧于拙，而其内容也杂糅儒释道等，不拘一格，丰富而饶有趣味。

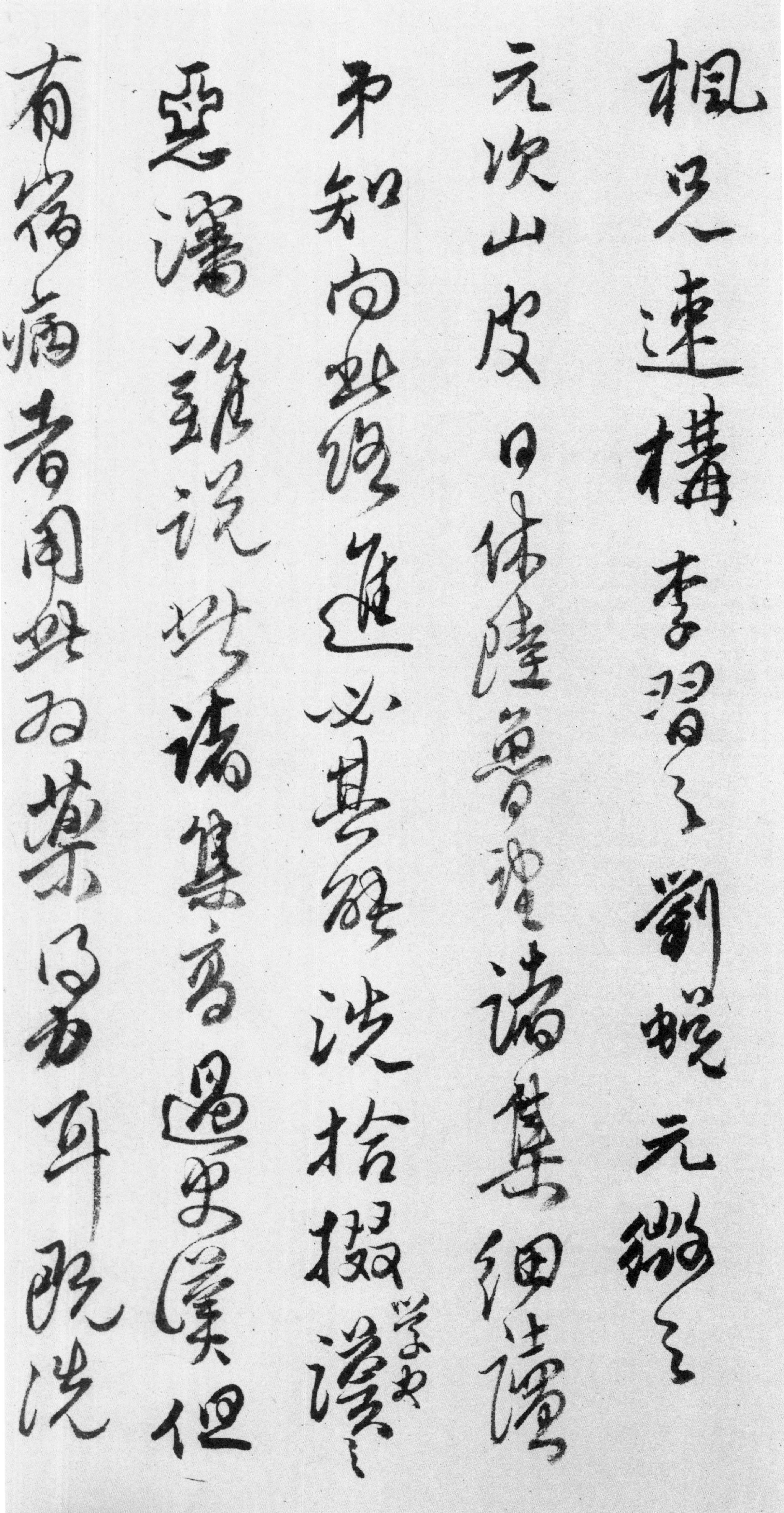

（《行草与戴枫仲等人书札册页》） 枫兄速构李习之、刘蜕、元微之、元次山、皮日休、陆鲁望诸集细读，弟知向此路进，必其能洗拾掇学《史》《汉》之恶沈。难说此诸集高过《史》《汉》，但有宿病者，用此为药得力耳。既洗却宿病，而重新挐一部手眼读《史》《汉》去，别有机杼矣。《文苑英华》《唐文粹》架上有之，请日点一篇。

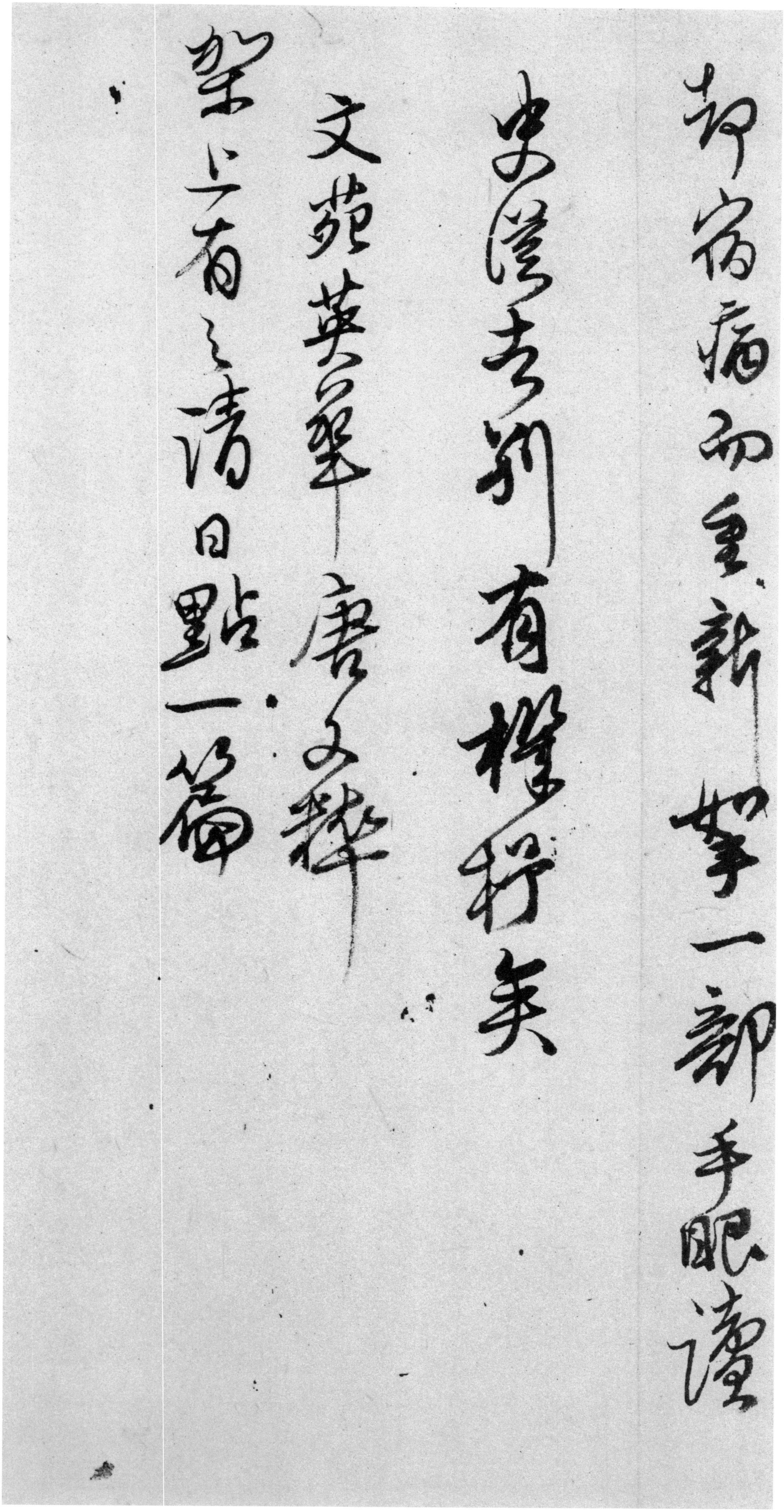

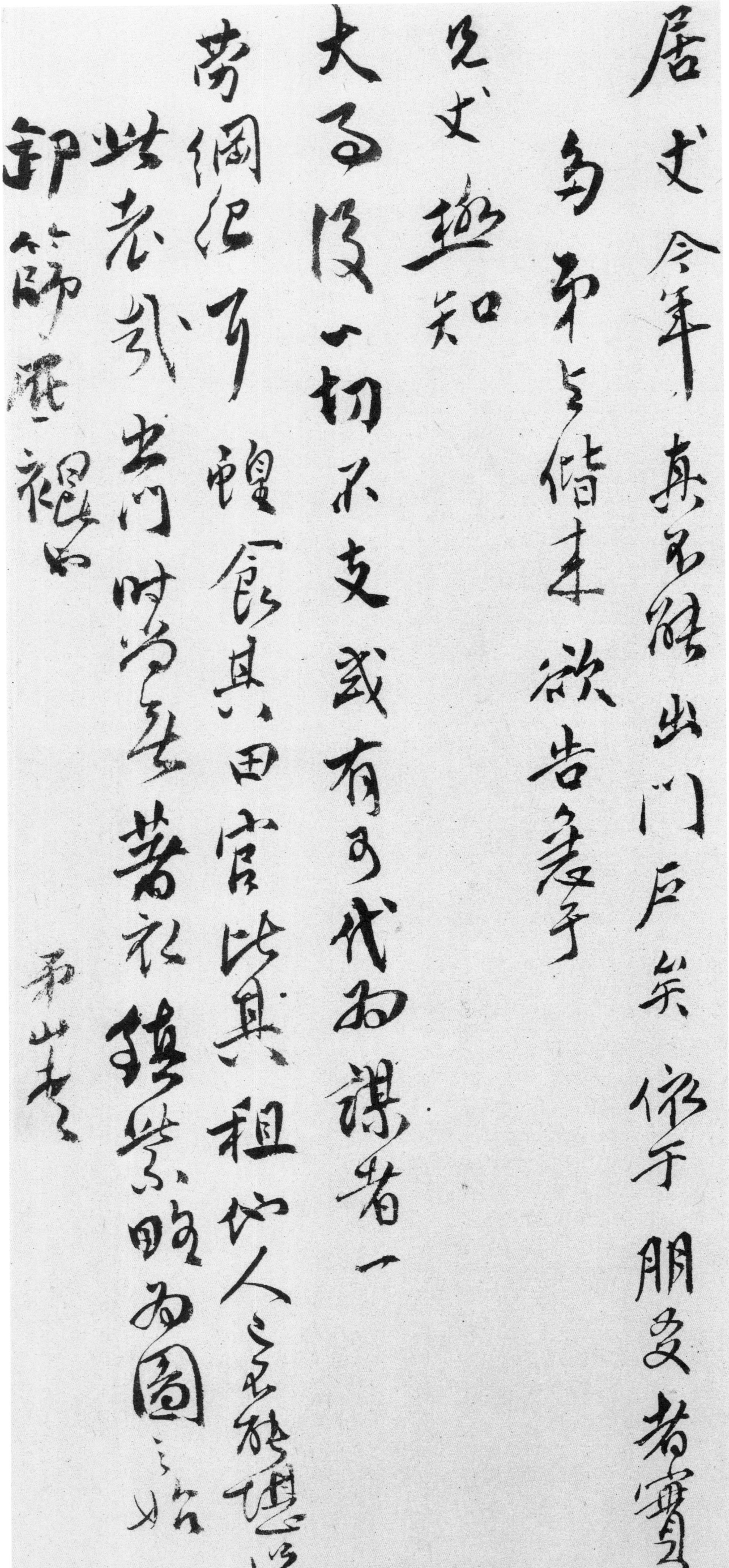

居丈今年真不能出门户矣。依于朋友者实多，弟与借来，欲告急于兄丈，极知大事后一切不支。或有可代为谋者，一劳纲纪耳。蝗食其田，官比其租，他人已不能堪，况此老哉！出门时尚无著衣，镇紫略为图之，始卸筛底裩（裈）也。弟山顿首。

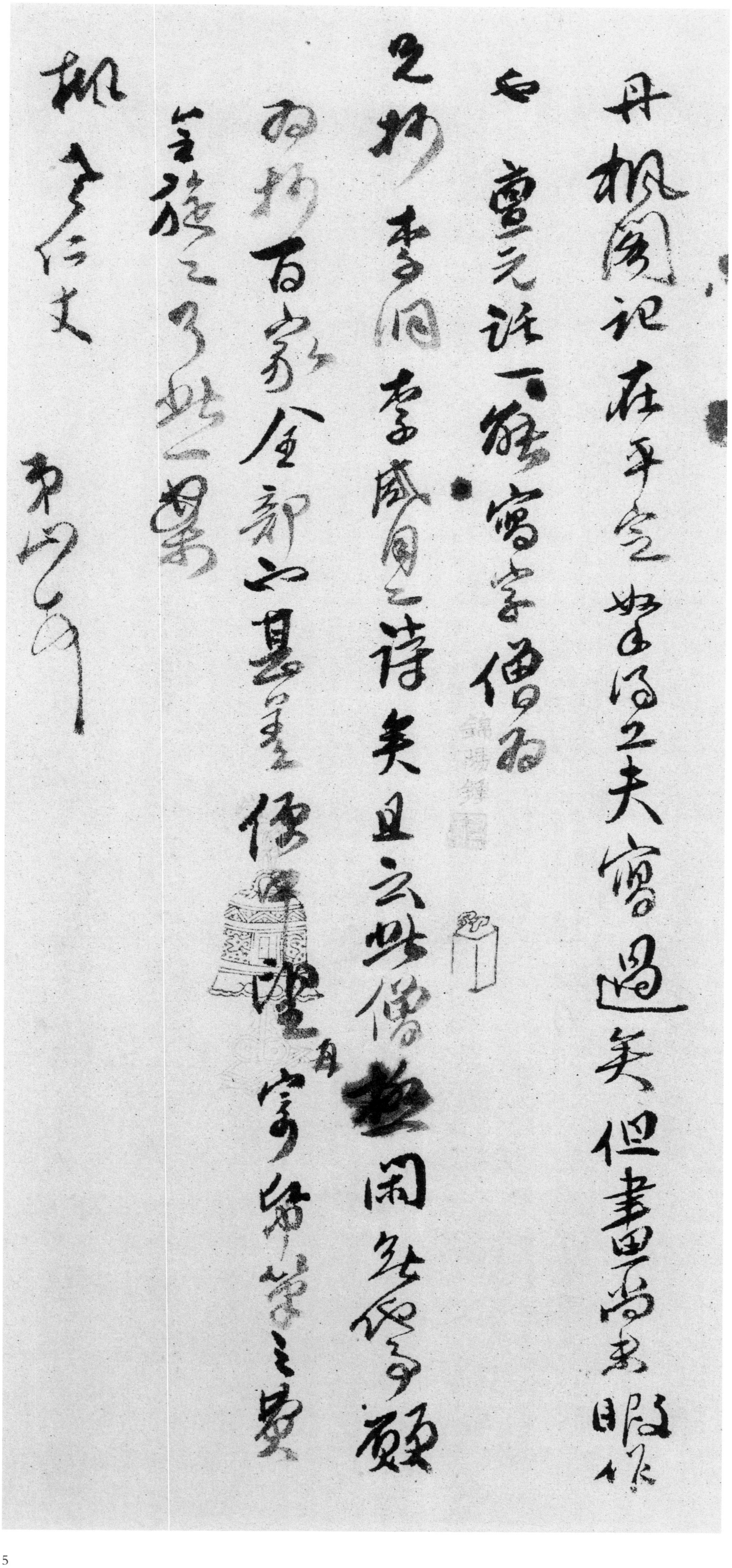

《丹枫阁记》，在平定拏（拿）得工夫写过矣，但画尚未暇作也。亶元托一能写字僧，为兄抄李洞、李咸用二诗矣。且云此僧极闲无他事，愿为抄百家全部也。甚善。便中望再寄纸笔之费，令旋旋了此一案。枫老仁丈。弟山顿首。

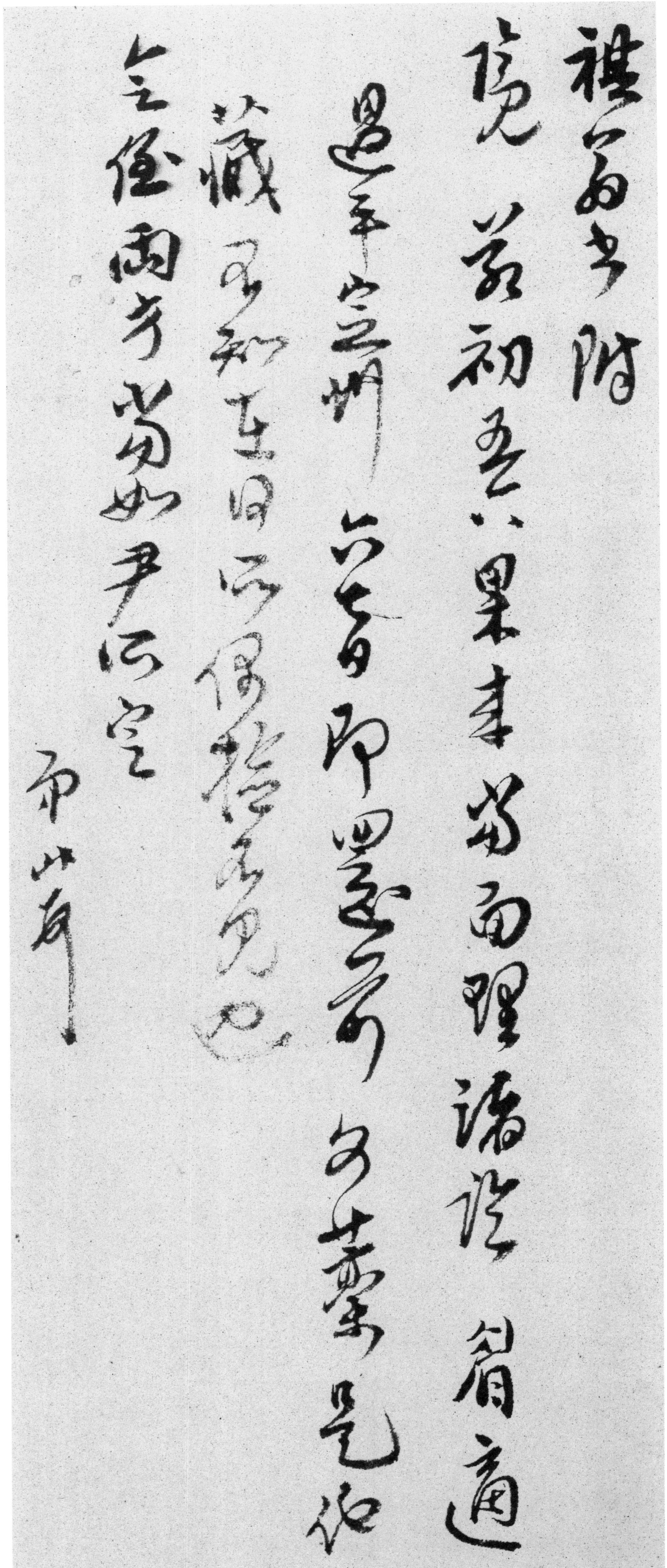

祺翁书附览。若初五六果来，当面理诸论。眉适过平定州，六七日即还。前文稿是他藏，不知在何所，偶捡（检）不见也。令侄两方当如尹所定。弟山顿首。

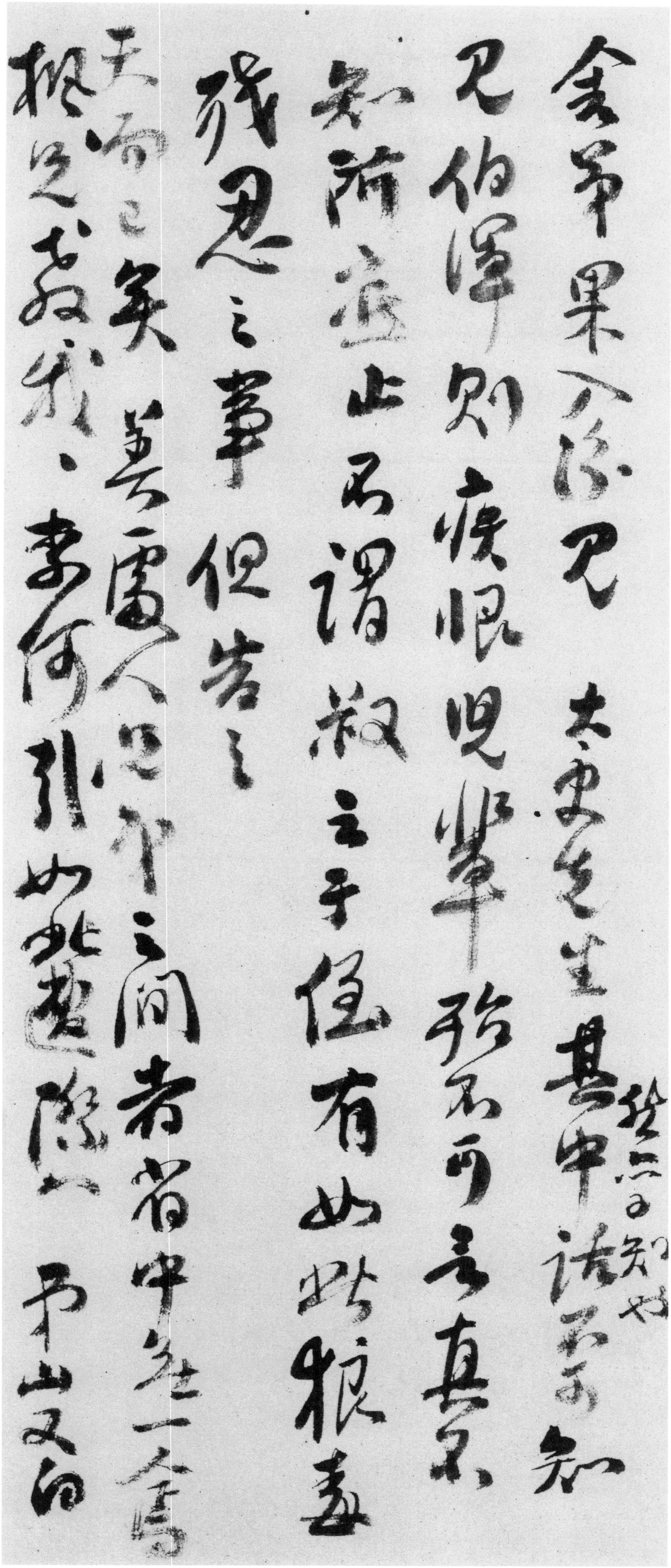

舍弟果入汾，见太史先生，其中话不可知，然亦可知也。见伯浑，则疾，恨儿辈殆不可言，真不知所底止。不谓叔之于侄，有如此狼毒残忍之事。但告之天而已矣。善处人兄弟之间者，省中无一人焉。枫兄教我，我奈何哉！如此遭际也。弟山又白。

保德王大哥，为乃祖文集事，勤勤恳恳，属弟为遴，弟实病不能办此矣。附致兄所一为点简。从来选刻，宁严毋宽，慧眼自有定鉴。云兄许为半工之费，留得两小帖，属致记室一则。马令亲也并寄来季通丈

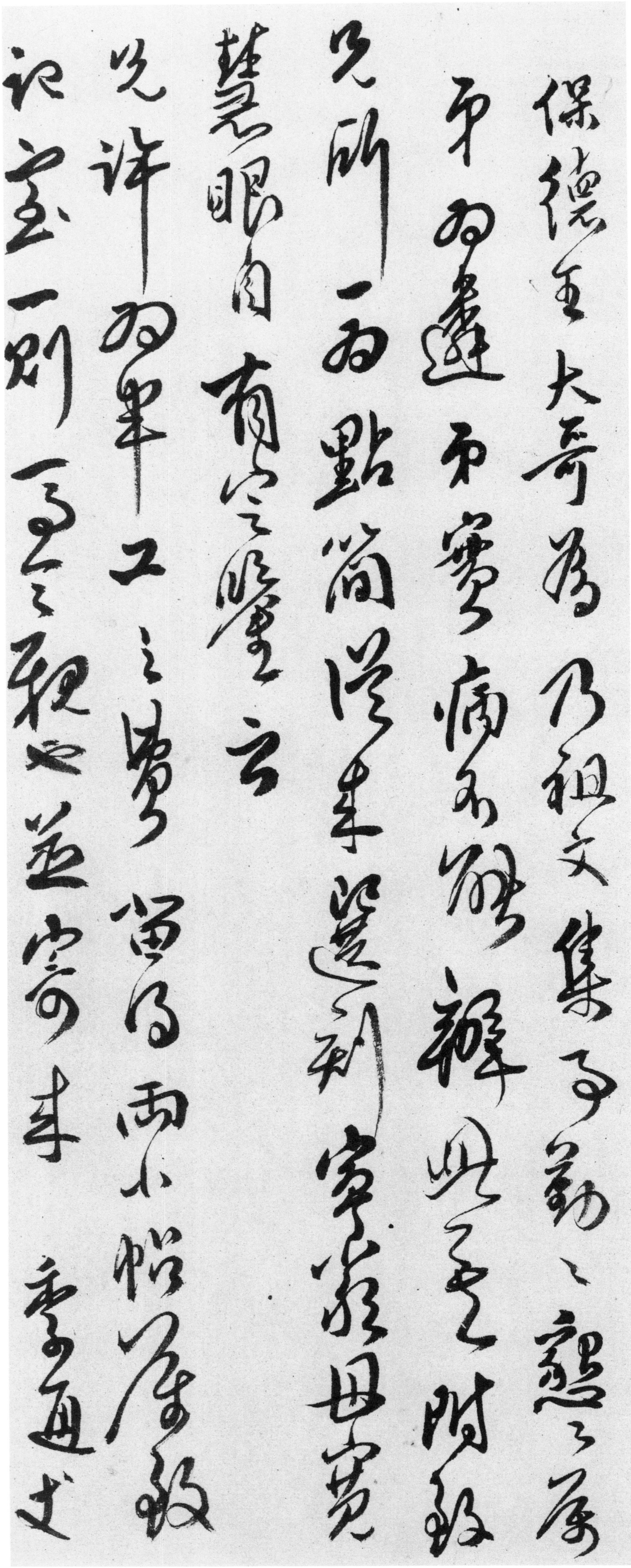

诗数叶，亦见托于其子侄抄付丹阁，备晋诗一二首者。枫老仁丈史侍。弟山顿首。

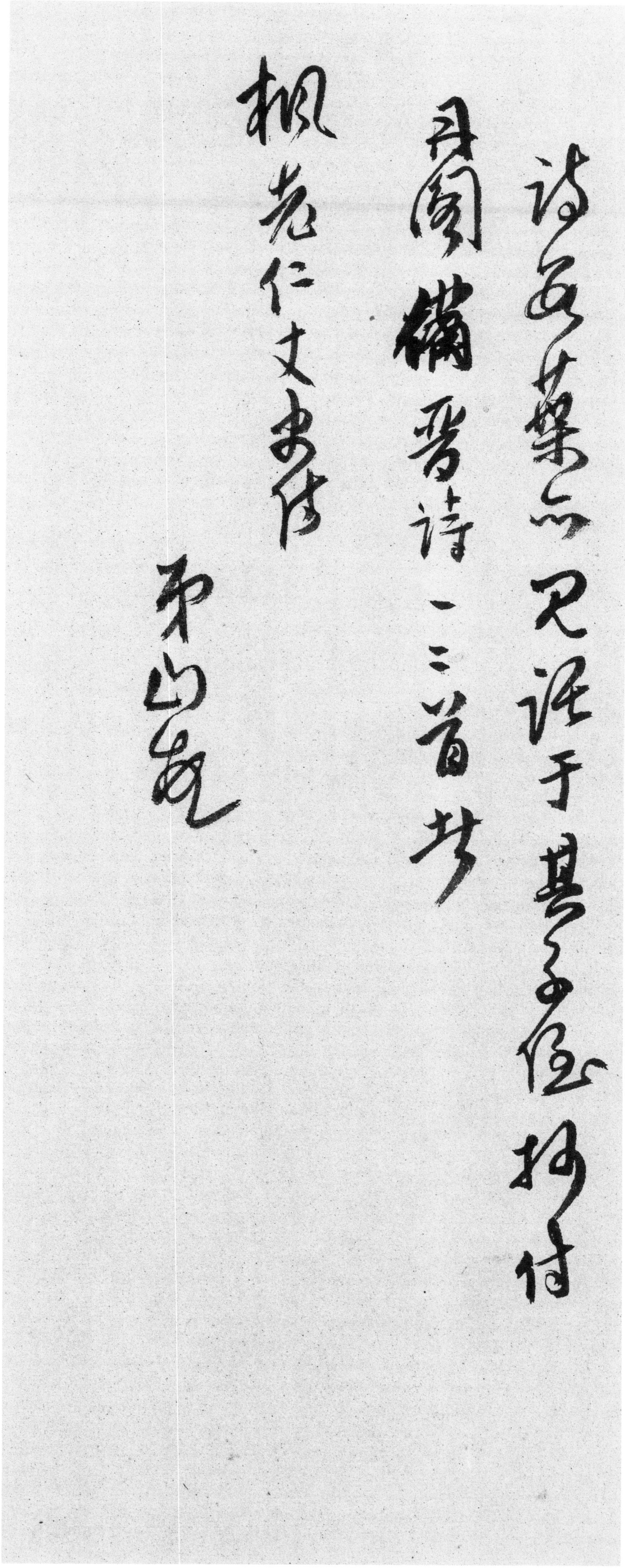

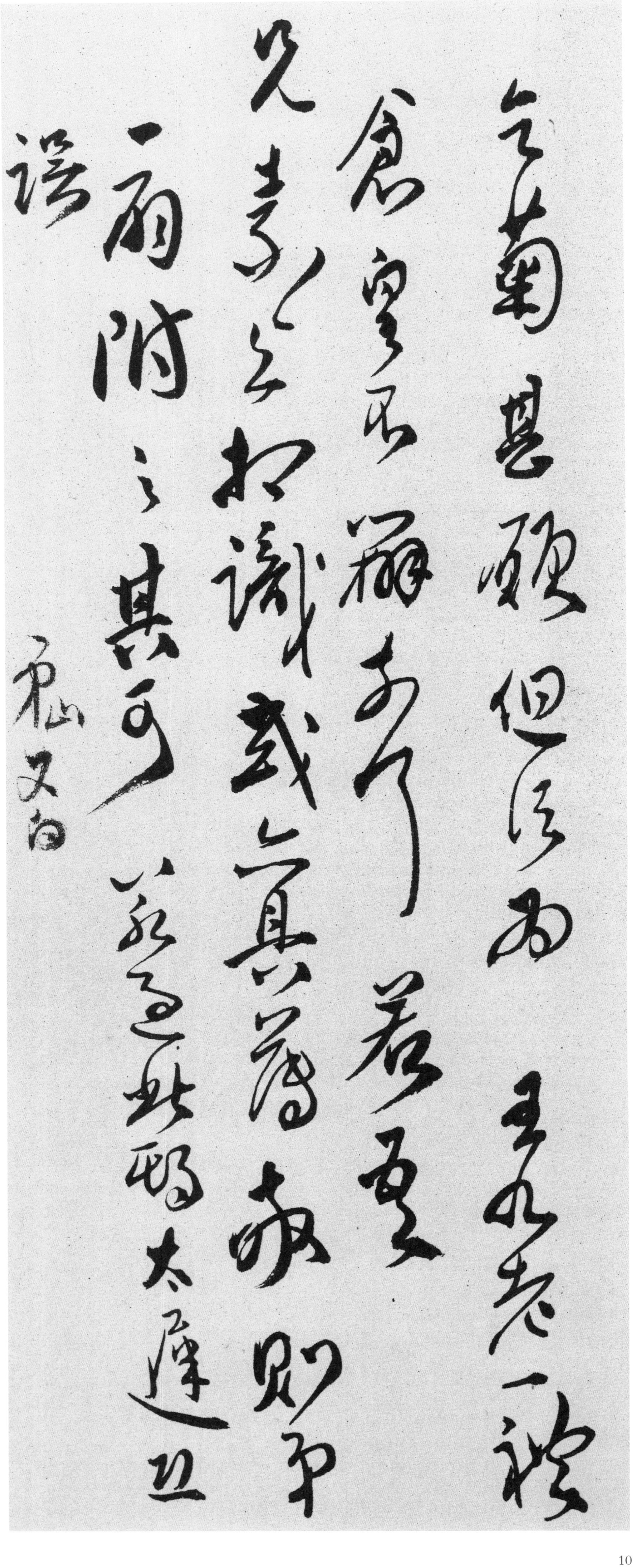

乞菊甚愿，但须为王九老一礼，仓皇不辨，奈何？若吾兄素与相识，或亦具薄敬，则弟一扇附之，其可？若过此期太迟，恐误。弟山又白。

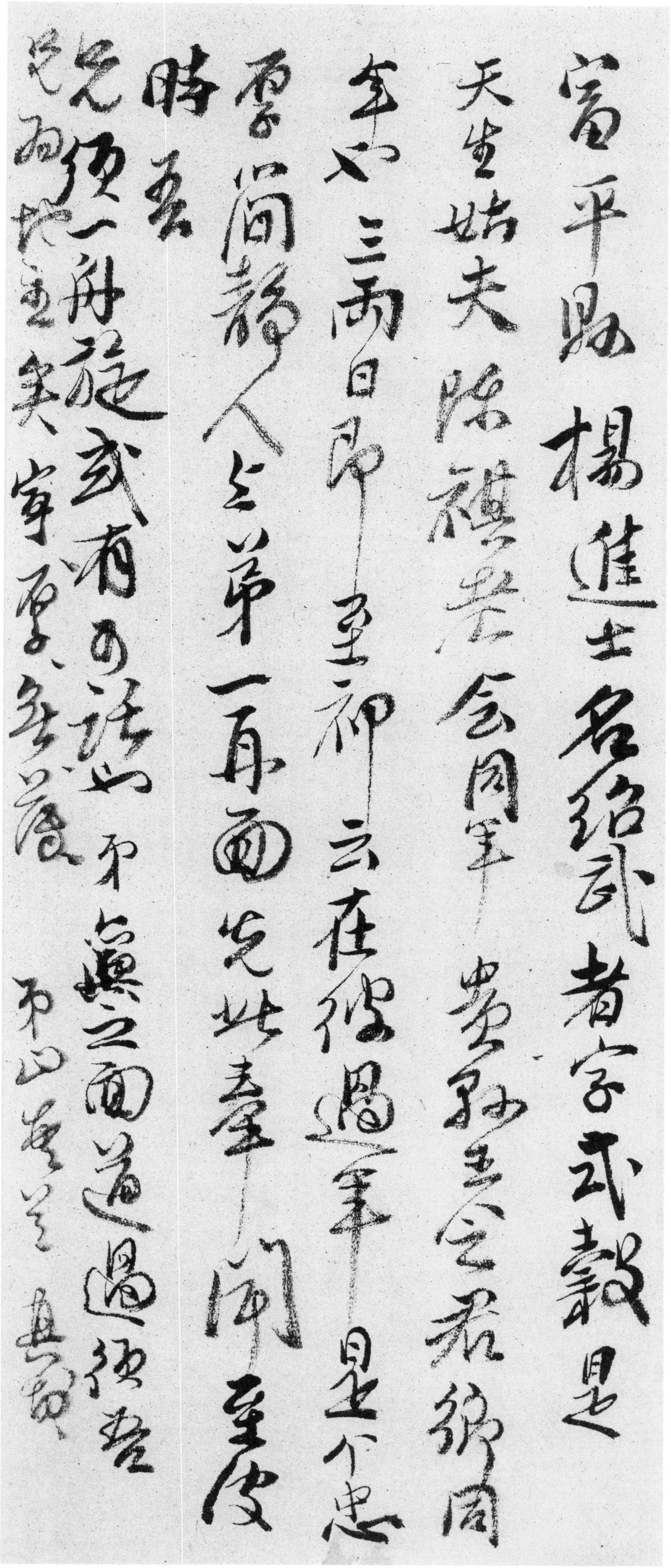

富平县杨进士名绍武者，字式榖，是天生姑夫、陈祺老会同年，贵县王令君乡同年也。三两日即至祁，云在彼过年，是个忠厚简静人。与弟一再面，先此奉闻。至彼时，吾兄须一舟（周）旋，或有可托也。弟亦与之面道过，须吾兄为地主矣。宁厚无薄，宁厚无薄。弟山顿首。真切，真切。

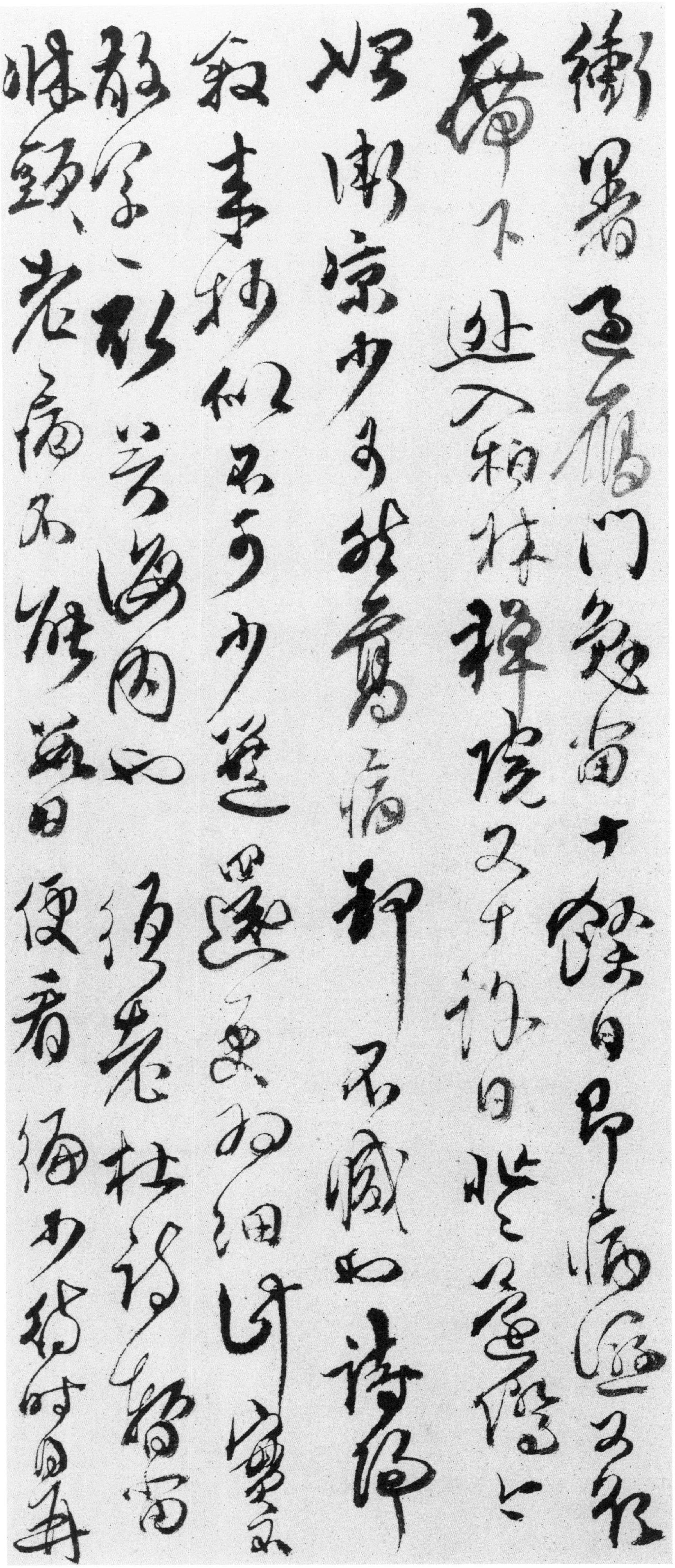

冲暑过雁门，勉留十余日，即病湿，又欲瘫下。逃入柏林禅院，又十许日，忙忙还侨。今始渐凉，少可，然旧病却不减也。诗归叙来抄，似不可少选，还更为细计，实不敢草草，取笑海内也。须老杜诗暂留床头，老病不能数日便看遍，少待时日再

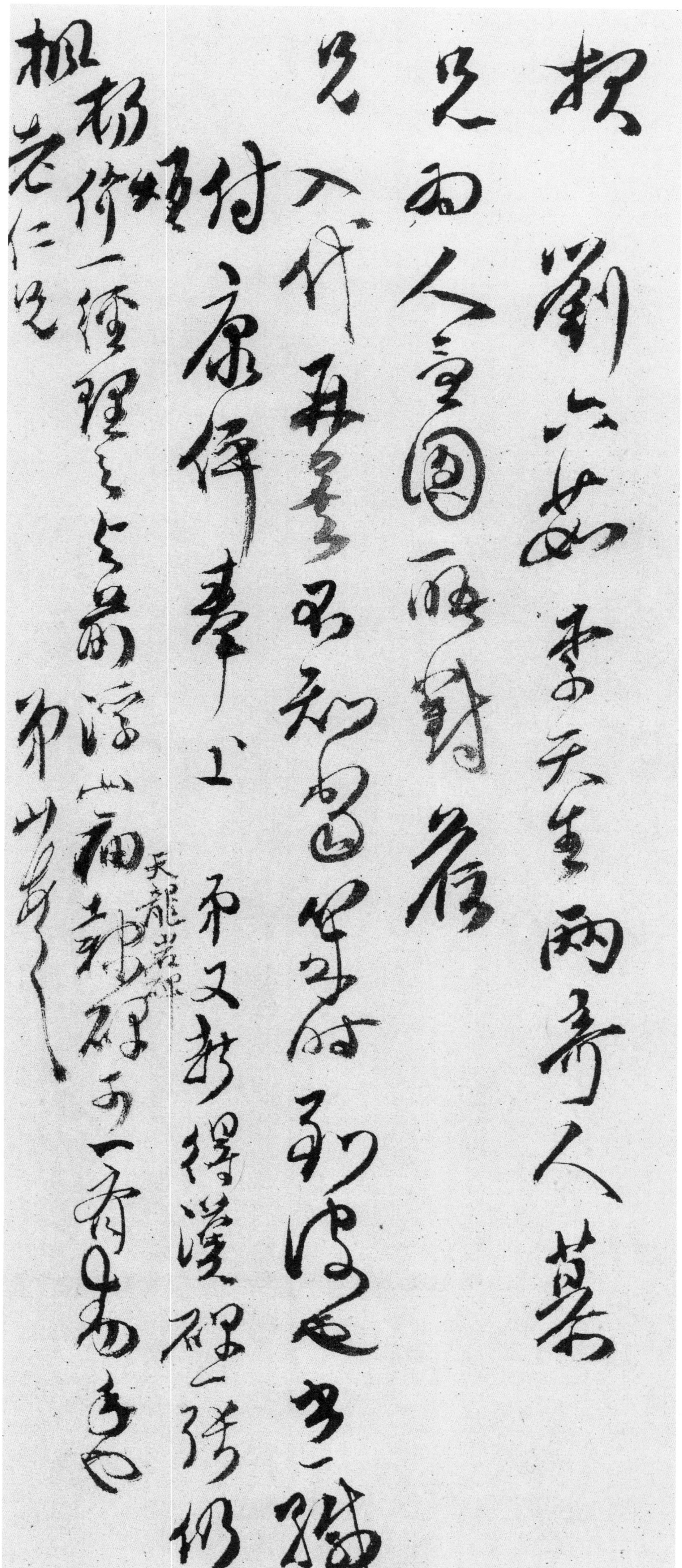

报。刘六茹、李天生两奇人，慕兄为人，急图一晤对，候兄入代再矣。不知当几时到彼也。书一缄付康伻奉上。弟又新得汉碑一张，仍烦杨价一经理之，与前浮山庙隶碑、天龙山石碑，可一齐动手也。枫老仁兄。弟山顿首。

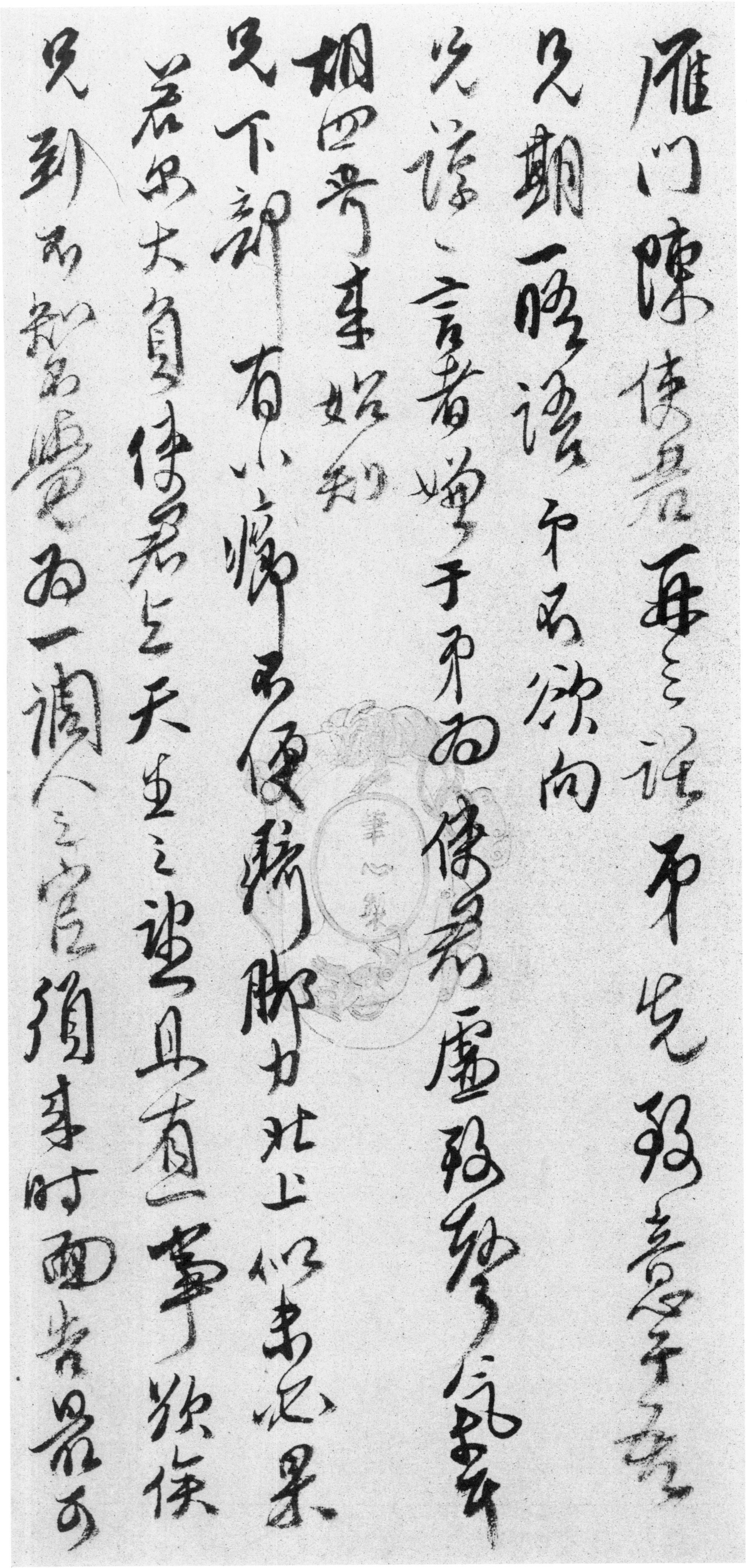

雁门陈使君再三托弟，先致意于吾兄，期一晤语，弟不欲向兄谆谆言者，嫌于弟为使君虚致声气耳。胡四哥来，始知兄下部有小疖，不便骑脚力北上，似未必果。若尔，大负使君与天生之望。且有一事，欲俟兄到，不知不觉为一调人之官，须来时面告，最可

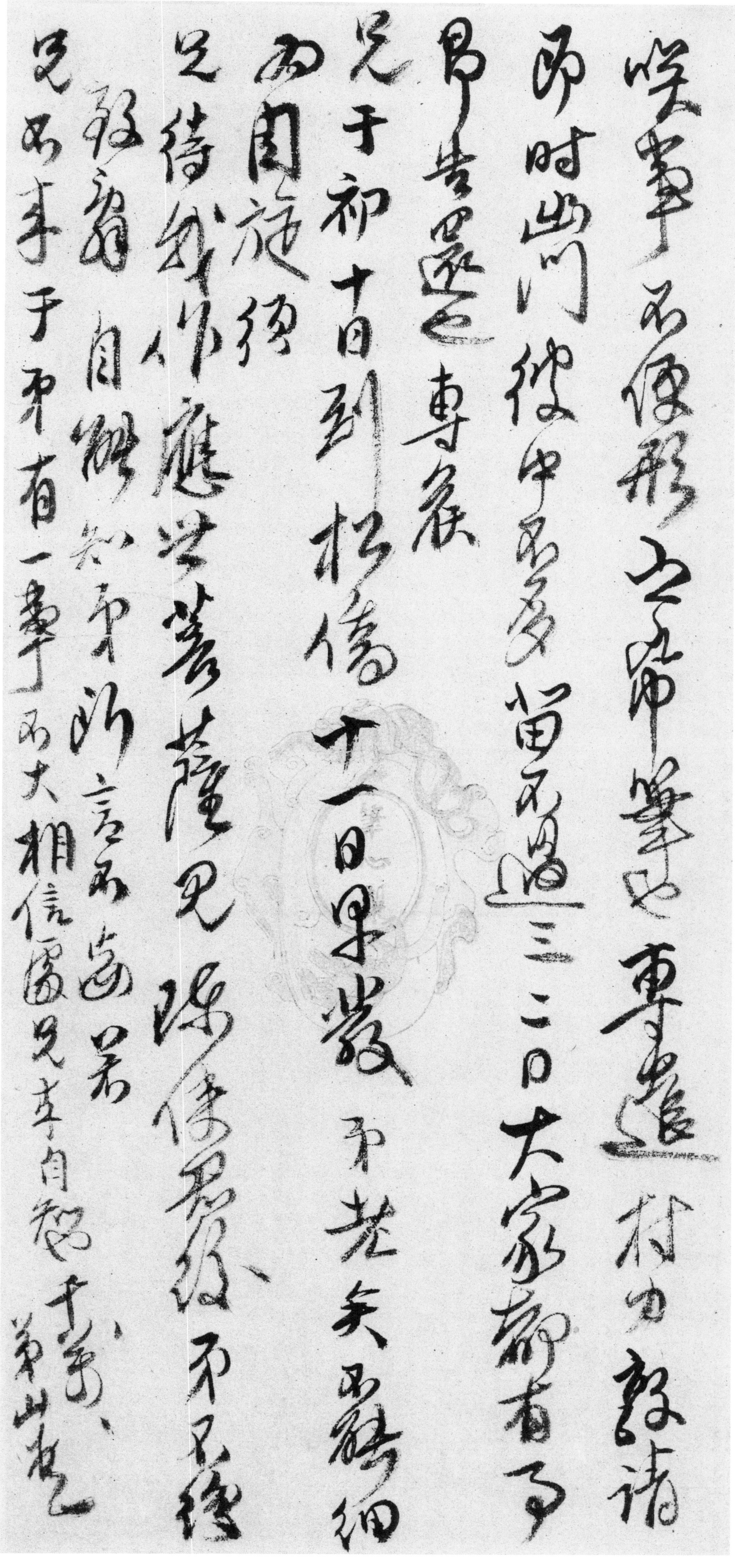

笑事，不便形之纸笔也。专遣村力，敦请即时出门。彼中不多留，不过三二日，大家都有事，即告还也。专候兄于初十日到松侨，十一日早发。弟老矣，不能细为周旋，须兄待我作应世菩萨，见陈使君后，弟不复致辞，自能知弟所言不妄。若兄不来，于弟有一事不大相信处，兄来自知也。千万，千万！弟山顿首。

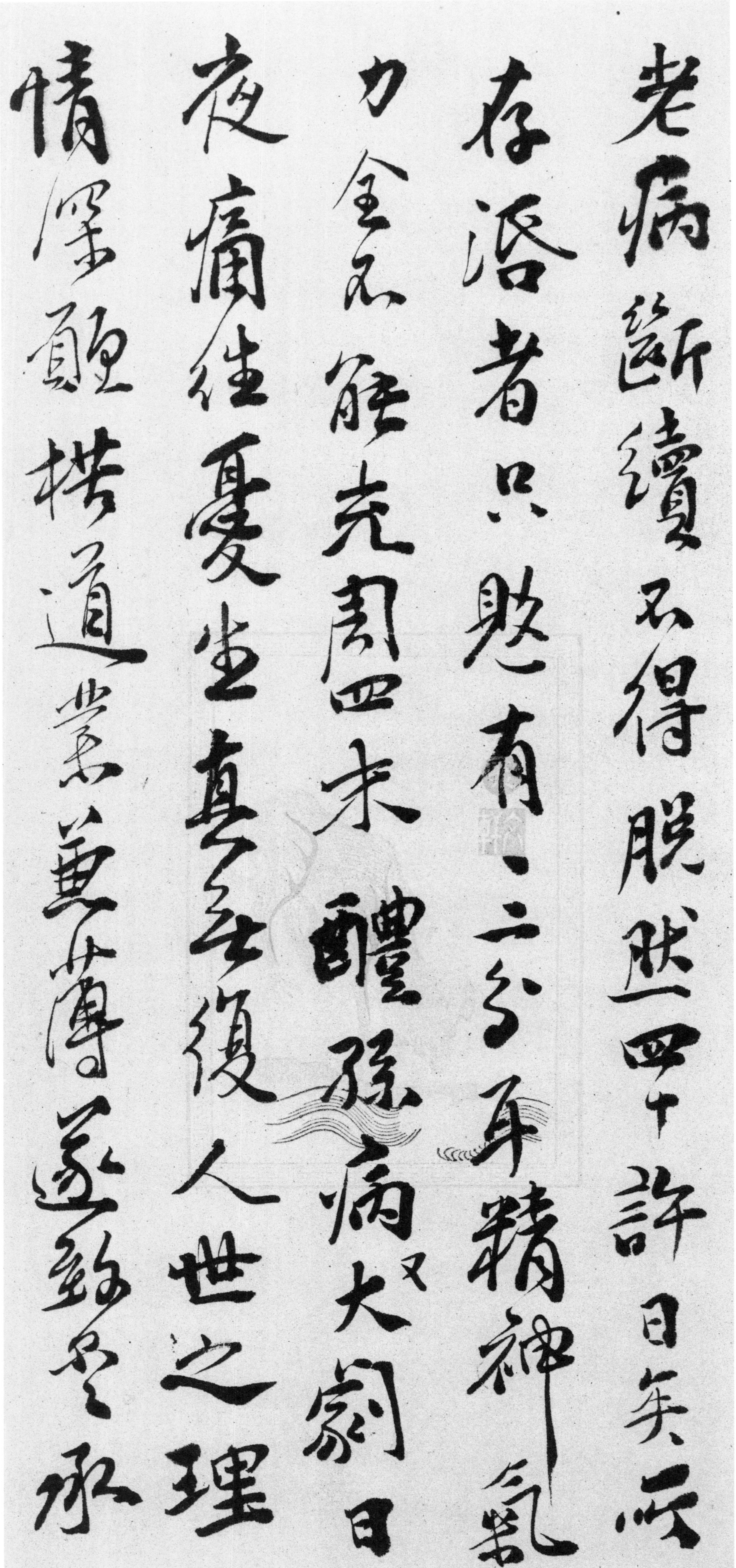

老病断续不得脱，然四十许日矣，所存活者，只觉有一二分耳，精神气力全不能充周四末。醴孙病又大剧，日夜痛往忧生，真无复人世之理，情深愿楛，道业兼薄，遂致尔尔。承

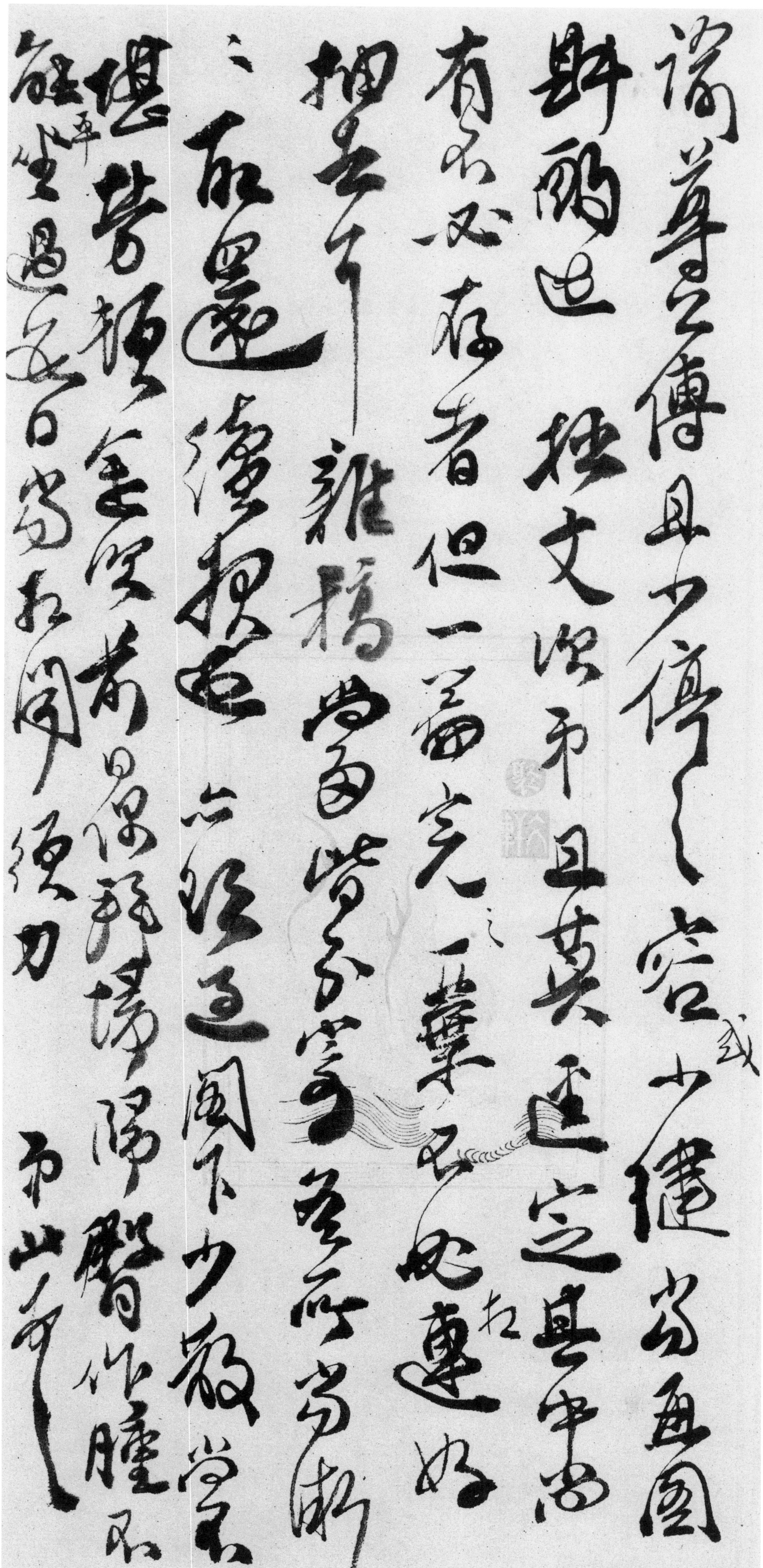

谕尊公傅，且少停之，容或小健，当再图斟酌也。拙文次弟且莫迳（径）定，其中尚有不必存者。但一篇完之一叶，不必相连，好抽去耳。杂稿尚多，皆分寄各所，当渐渐取还续报也。亦欲过阁下少散，尚不堪劳顿，金明前日偶拜扫，归，臀作肿不能平坐，过数日，当相闻。须力。弟山顿首。

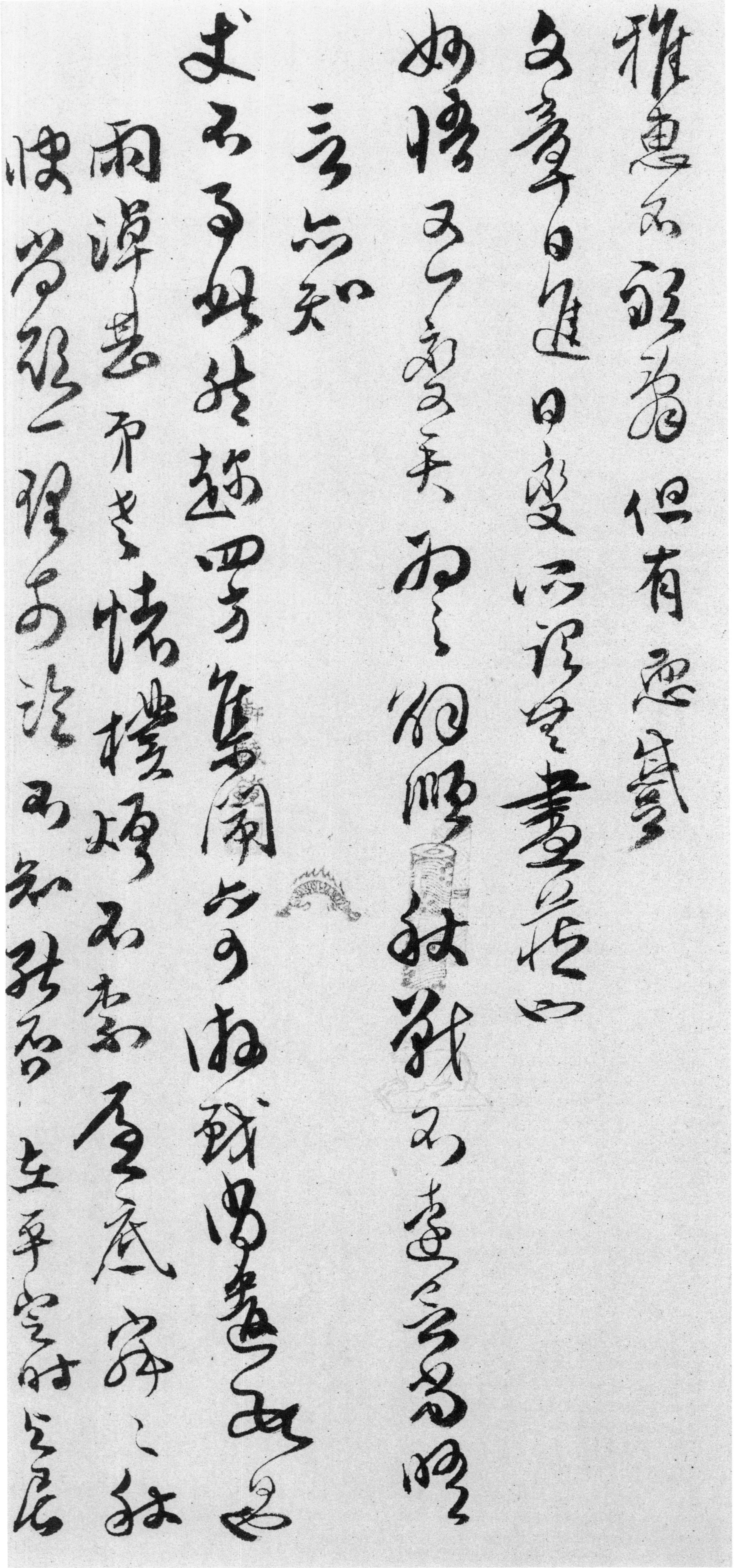

雅惠不敢辞，但有恧蹙。文章日进日变，所谓无尽藏也。妙悟又一变矣，为之解顺。秋战不远，会当晤言。亦知丈不事此，然趁四方集闹，亦可游戏消遣数日也。雨淖甚，弟老怀朴烦，不奈屋底寂寂，秋快尚欲一理前论，不知能否。在平定时与居

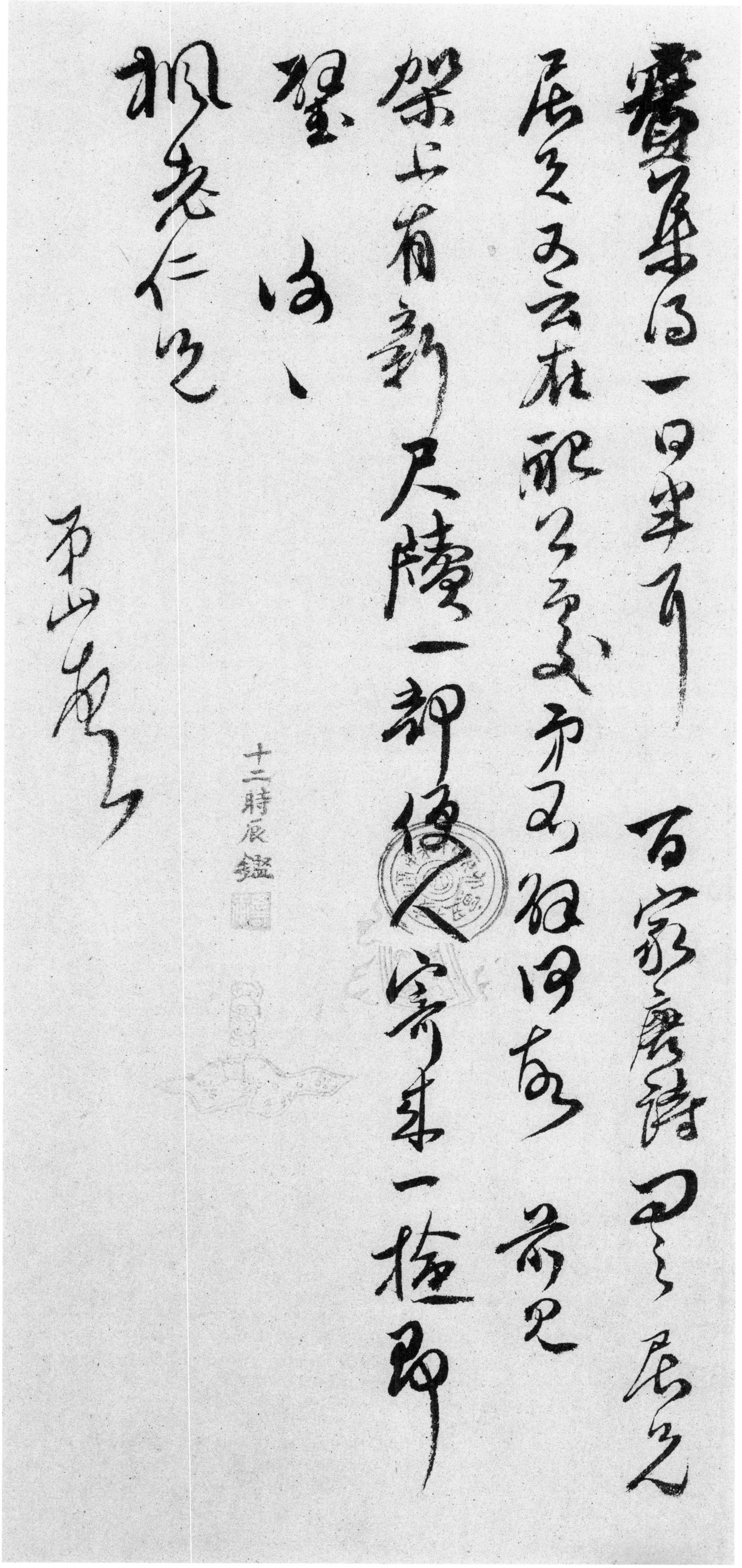

实集得一日半耳。《百家唐诗》问之居兄，居兄又云在配公处，弟不解何故。前见架上有新尺牍一部，便人寄来一检即璧。复复。枫老仁兄。

弟山顿首。

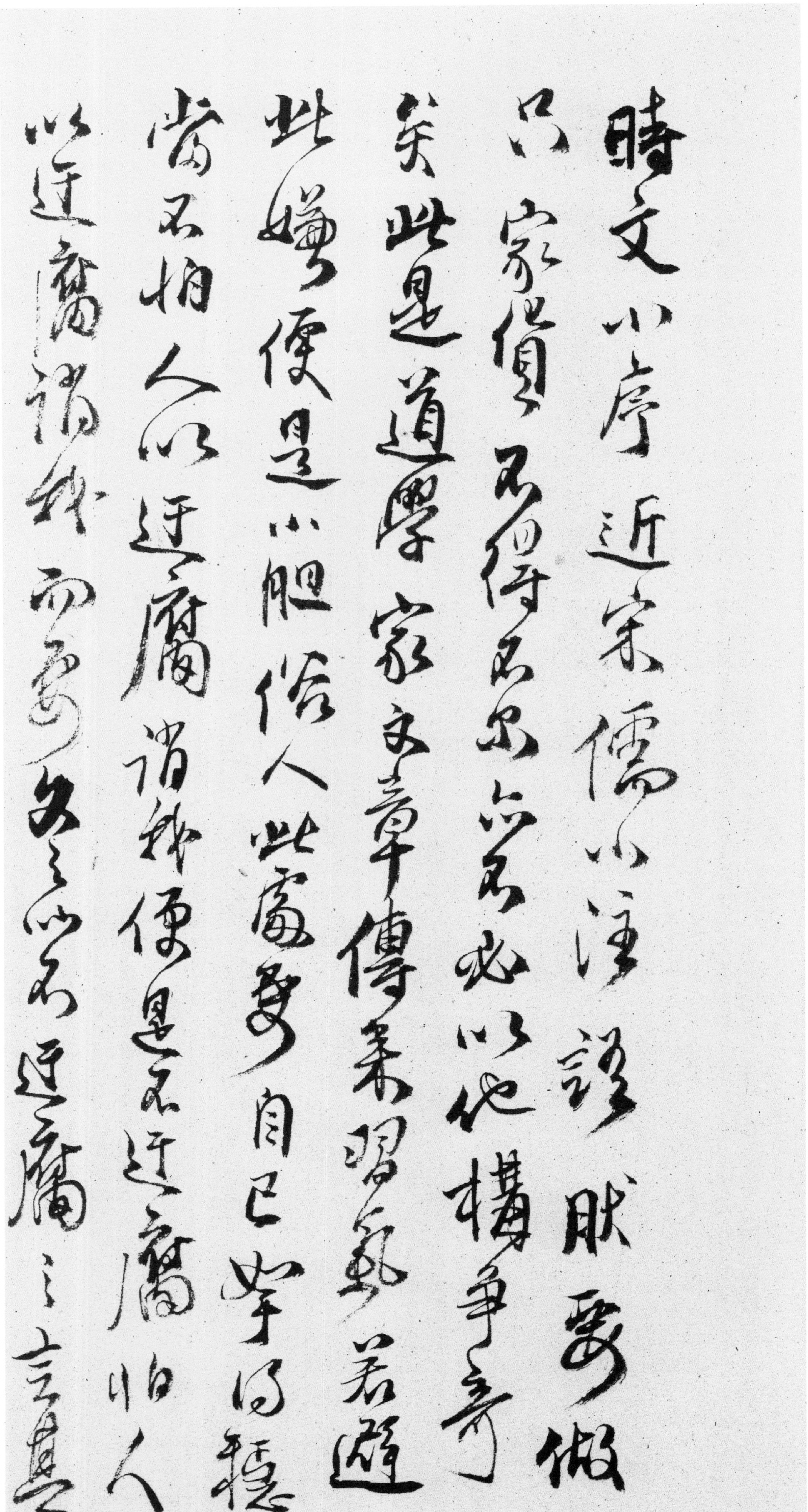

时文小序，近宋儒小注语，然要做只家货，不得不尔，亦不必以他构争奇矣。此是道学家文章传来习气，若避此嫌，便是小胆俗人。此处要自己挐（拿）得稳，当不怕人以迂腐诮我。便是不迂腐，怕人以迂腐诮我，而要文之以不迂腐之言，其

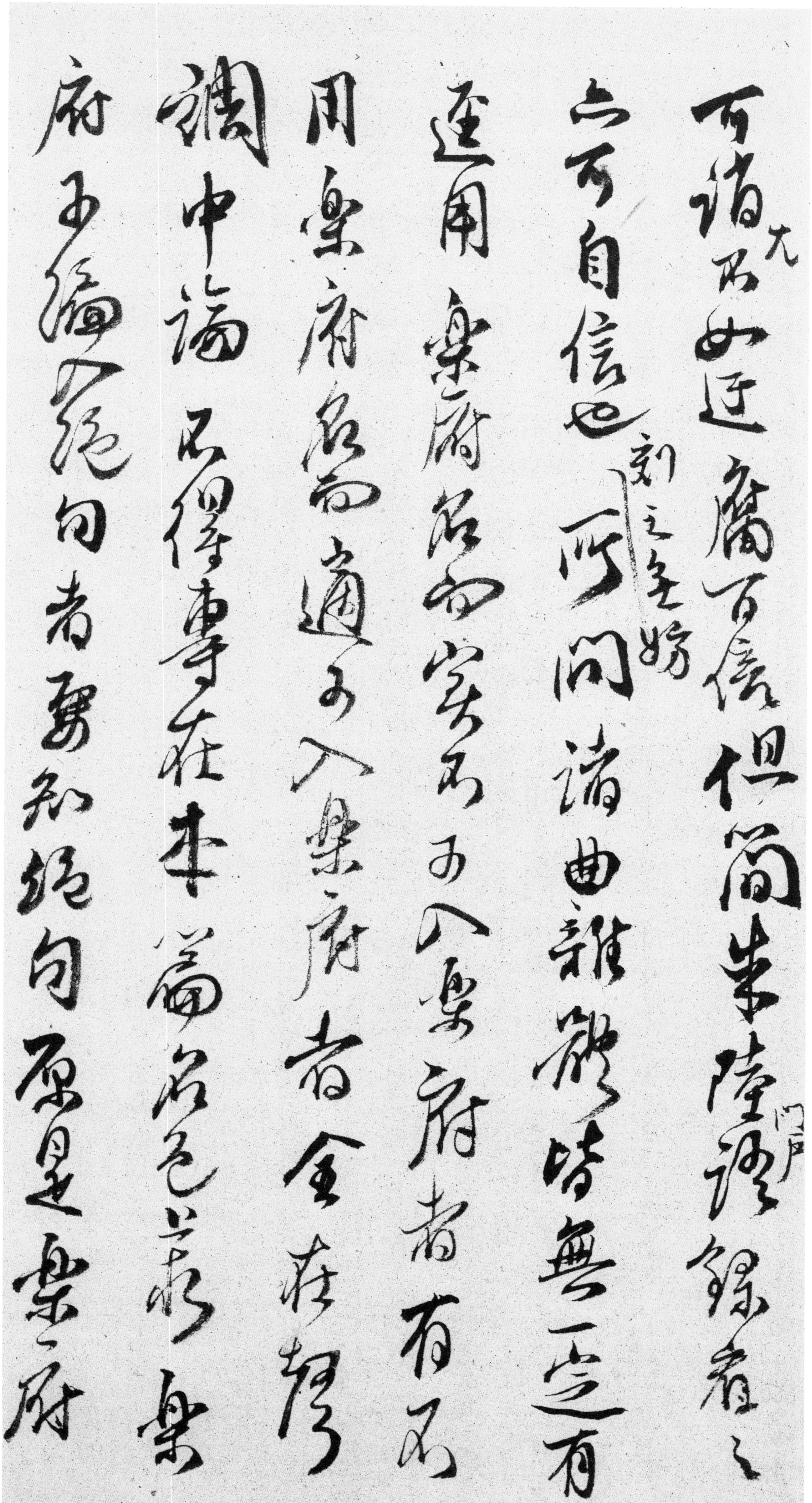

可谓尤不如迂腐百倍。但简朱、陆门户语录看看，亦可自信也，刻之无妨。所问诸曲杂体，皆无一定。有迳（径）用乐府名而实不可入乐府者，有不用乐府名而适可入乐府者，全在声调中论，不得专在本篇名色上求。乐府可编入绝句者，要知绝句原是乐府

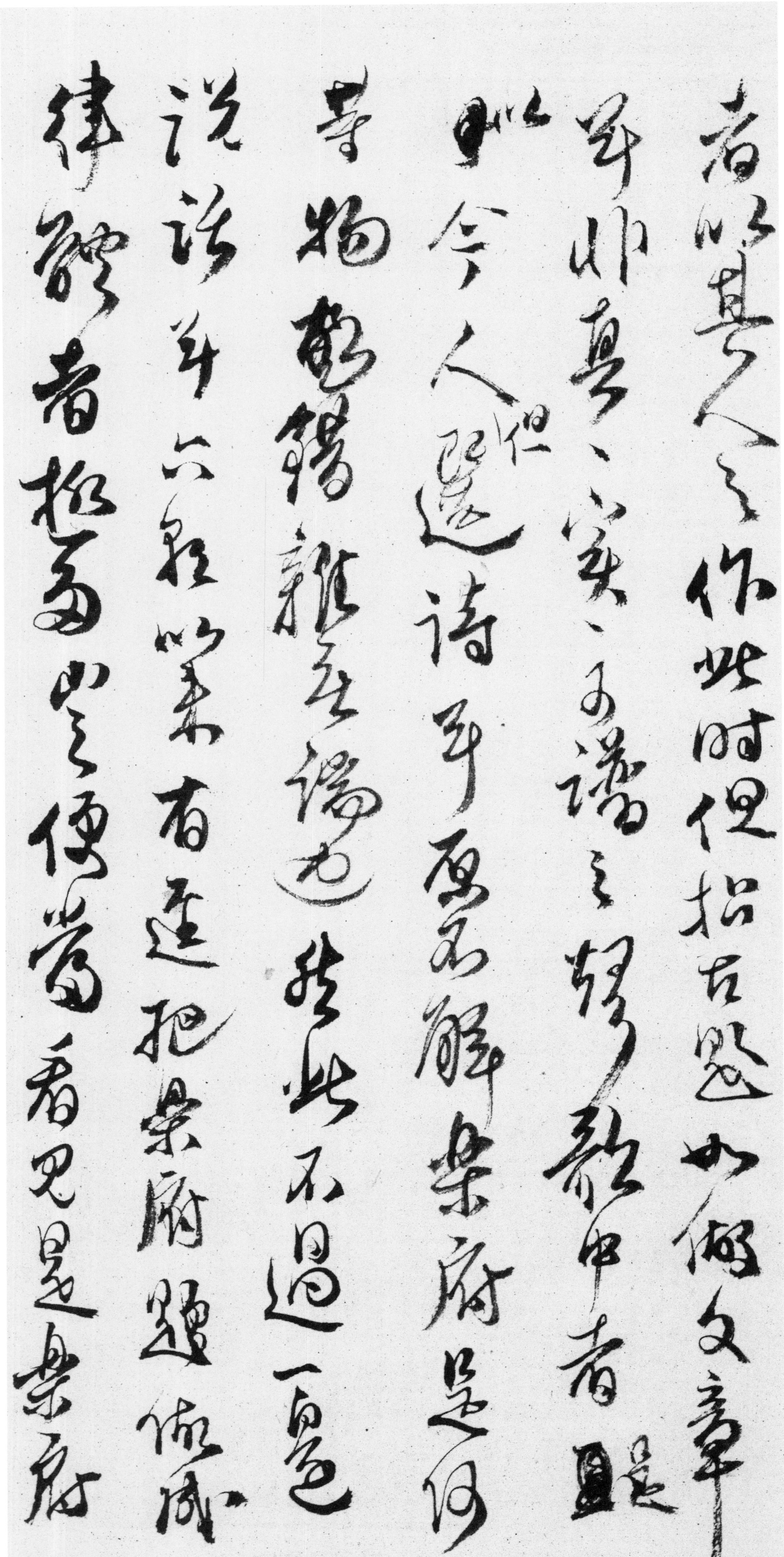

者。以其人之作，此时但拈古题，如做文章耳，非真真实实可谱之声歌中者。是以今人但选诗耳，原不解乐府是何等物，故错杂无端也。然此不过一边说话耳。六朝以来，有迳（径）把乐府题做成律体者极多。岂便当看见是乐府中警策处，如今词曲中之入破者是也。又有绝句实不可入乐府者，如宋人讲理之类是也。以其重在理不重在声调也。歌行词篇之入与不入，无说也。如《白苎歌》《门有车马客行》，《竹枝》《杨柳》等词，是用古乐府名者矣。然而尤有不可入乐府

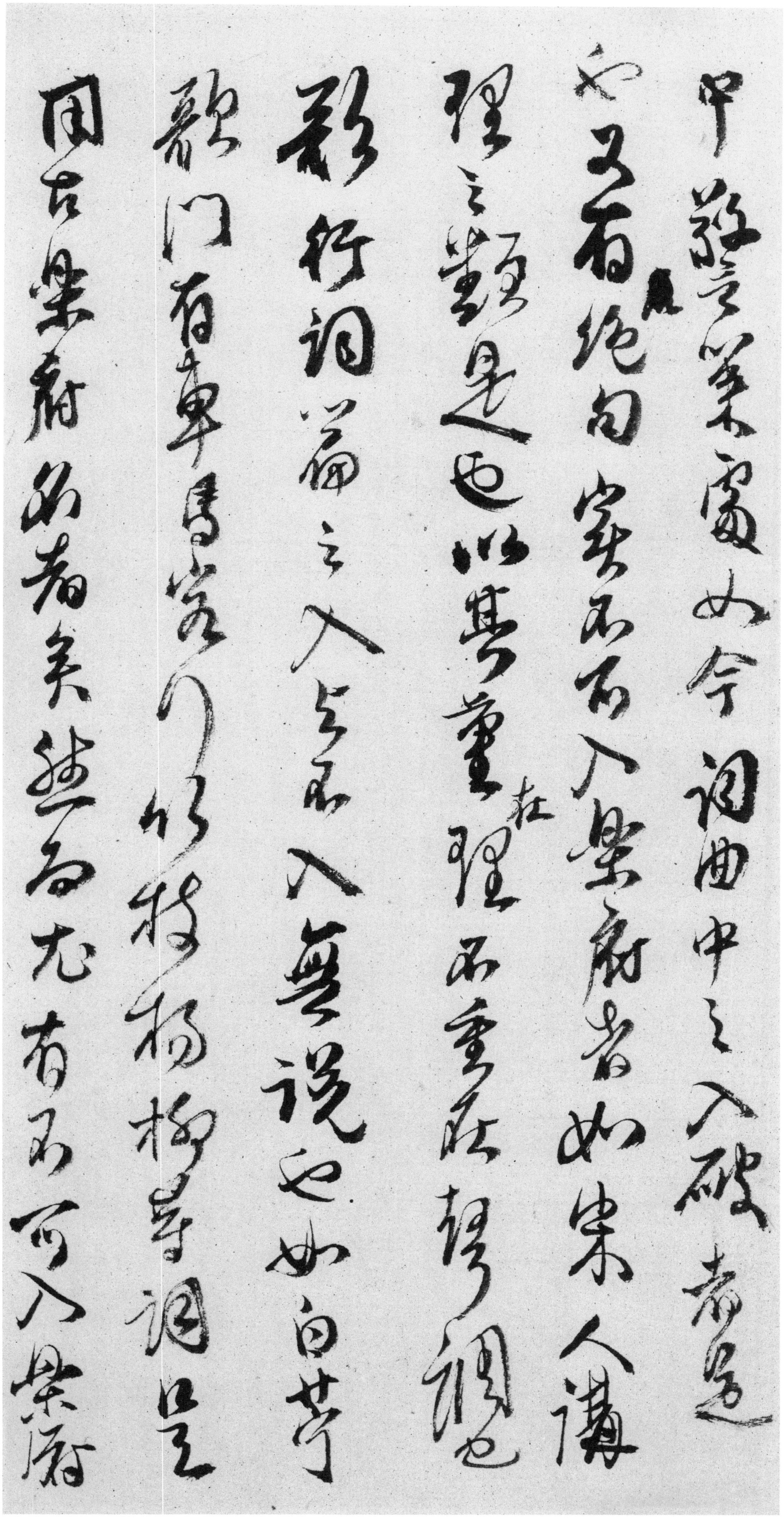

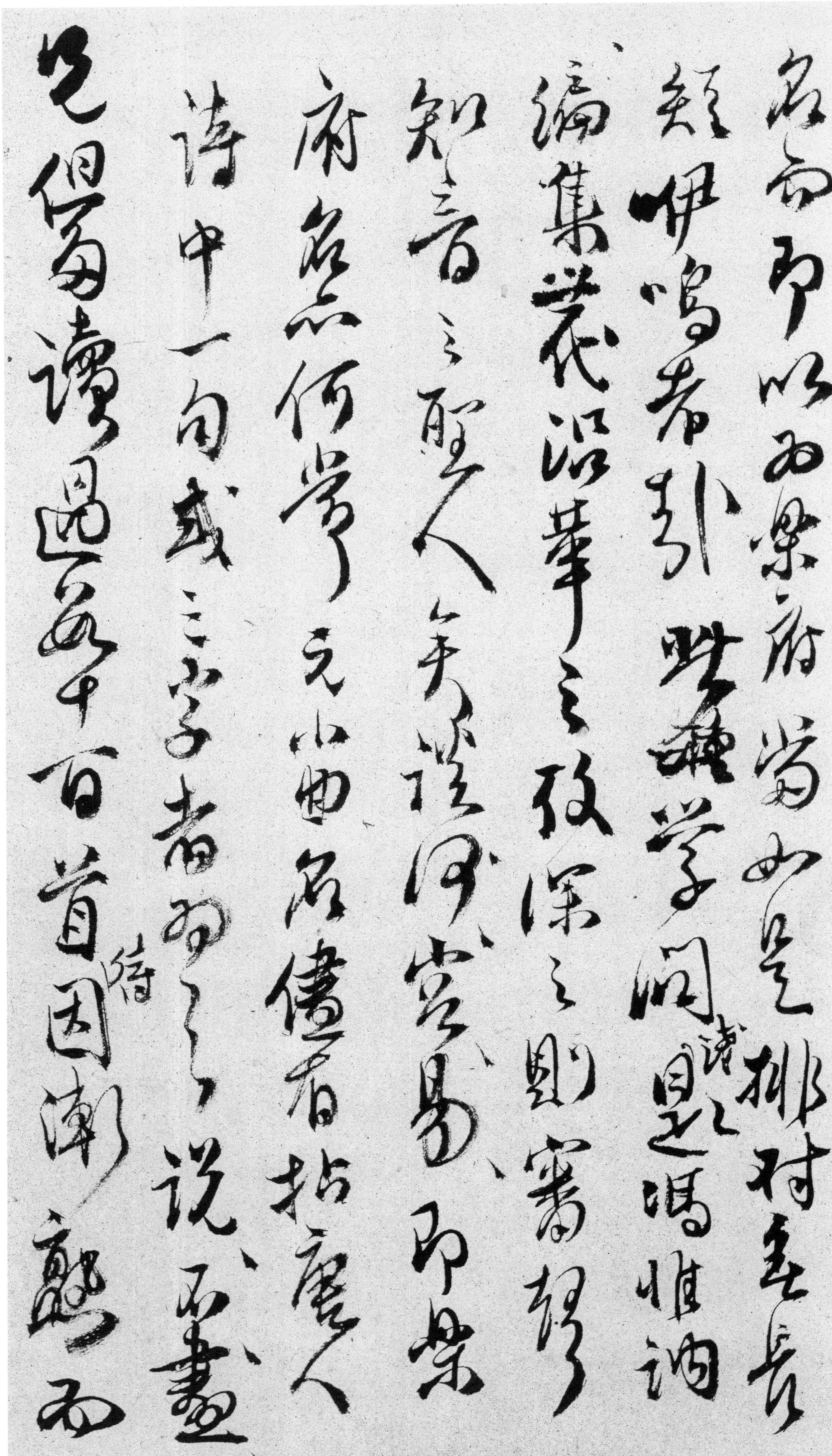

名而即以为乐府，当如是排对无长短，咿呜者哉！此种学问浅浅，是冯惟讷编集世代沿革之考，深之则审声知音之圣人矣。谈何容易，谈何容易！即乐府名亦何常，元小曲名尽有拈唐人诗中一句或三字者，为之说不尽，说不尽！兄但多读过数十百首，待因渐熟而

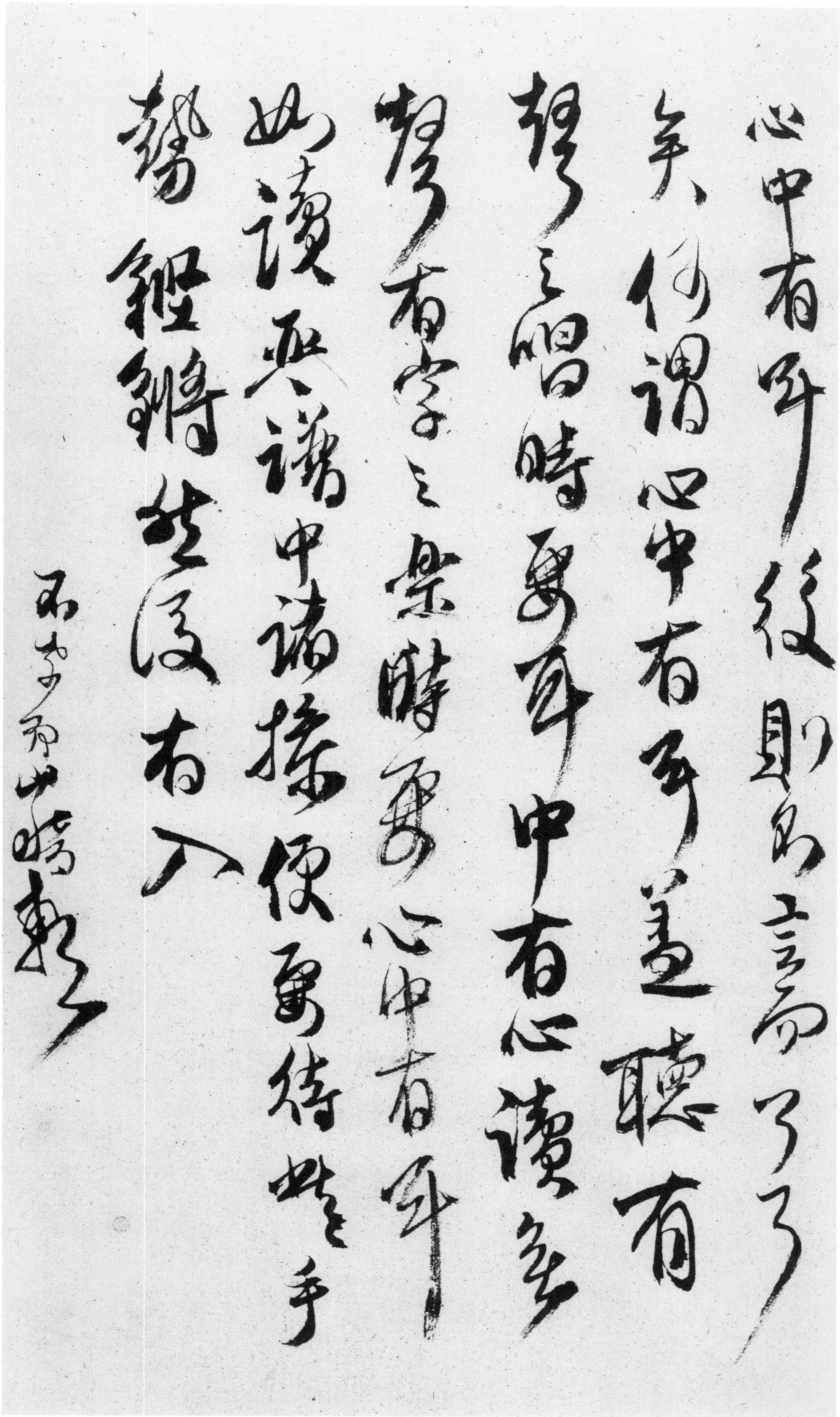

心中有耳，后则不言而了了矣。何谓心中有耳？盖听有声之唱时，要耳中有心，读无声有字之乐时，要心中有耳。如读琴谱中诸操，便要待些手势，铿锵然后有入。不孝弟山稽颡。

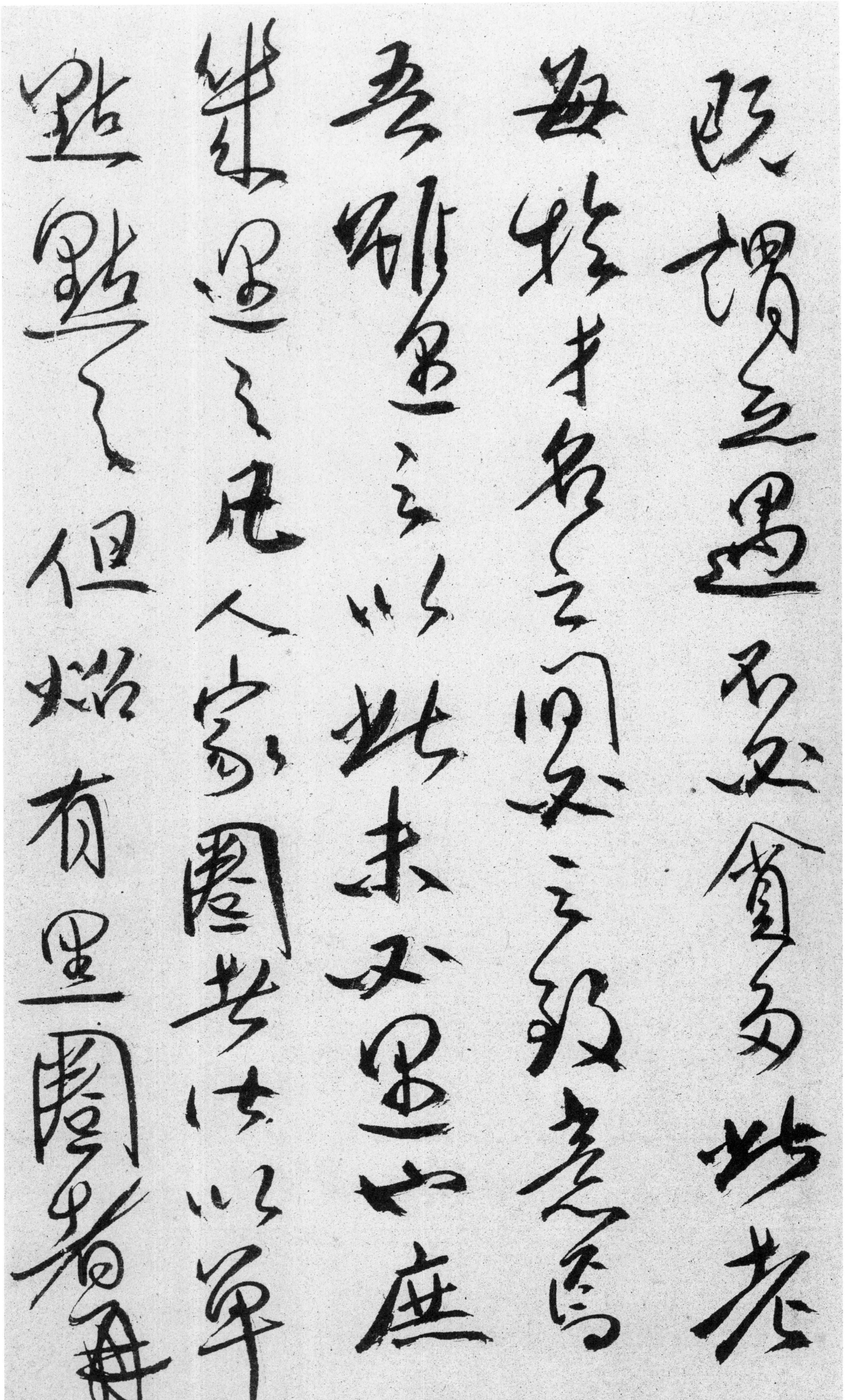

既谓之遇，不必贪多。此老每於才名之间，必三致意焉。吾虽遇之，以此未必遇也。庶几遇之，凡人家圈者，皆以单点之。但照有黑圈者，再

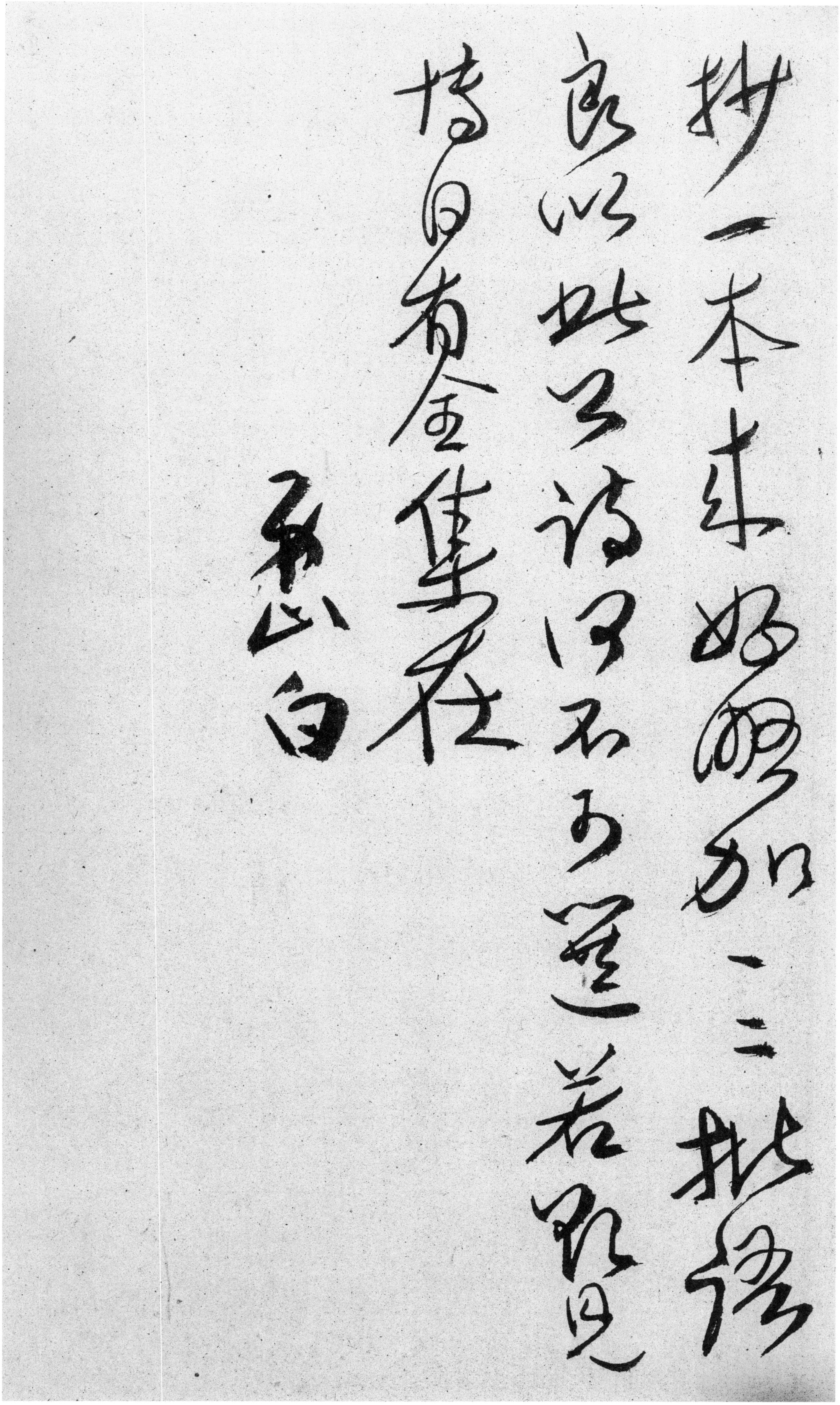

抄一本来，好略加一二批语。良以此公诗，何不可选。若欲见博，得有全集在。弟山白。

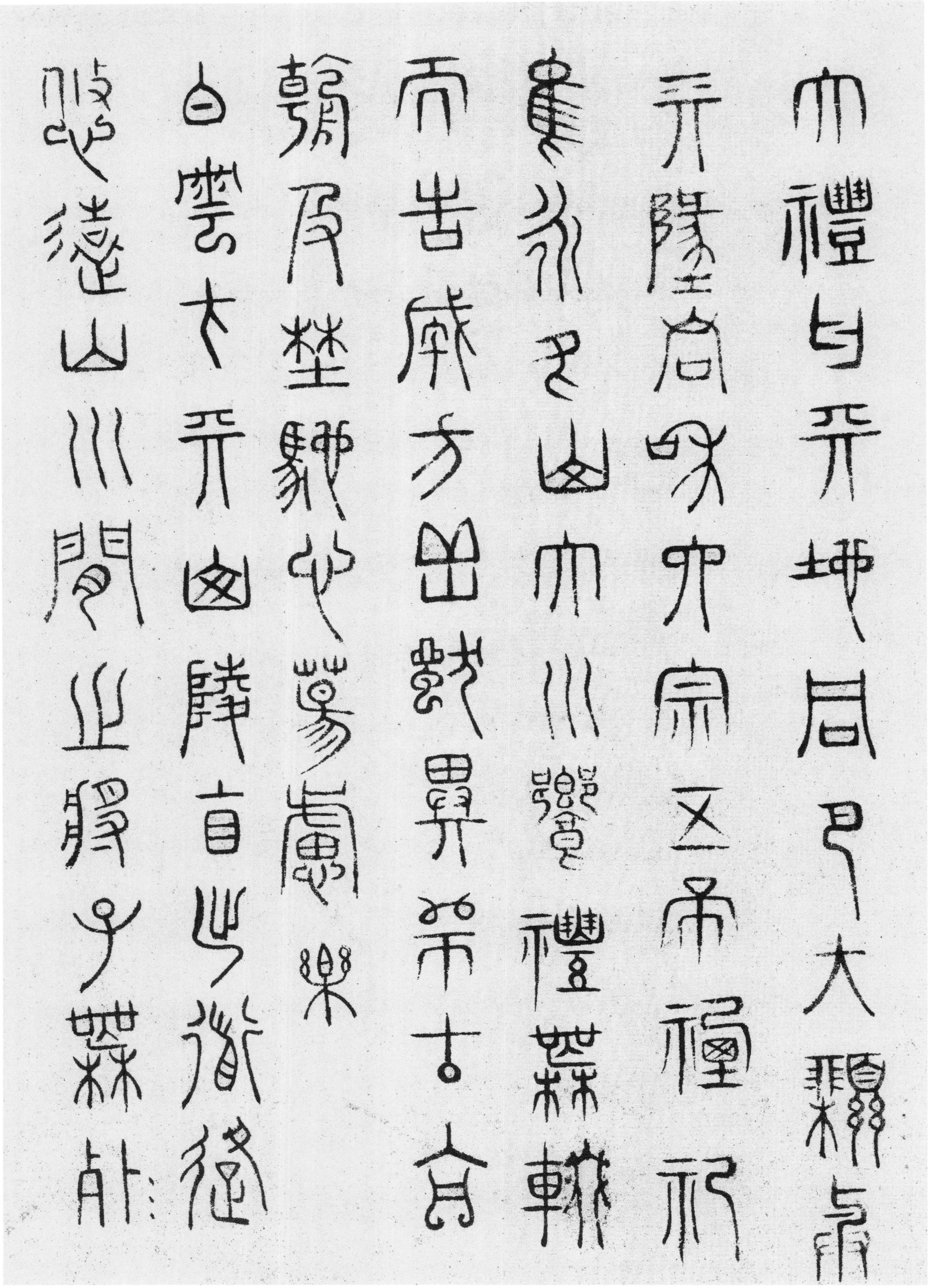

（《篆隶行草楷杂记册页》） 大礼与天地同节，大乐与天地同和。六宗五帝禋祀唯永，名山大川飨礼无辍。而告成方岳，独异师古。自朝及野，驰心荡虑。乐。乐。白云在天，山陵自出。道路悠远，山川间之。将之无死，尚复能来？颜回问乎仲尼曰：『吾尝济乎觞深之渊矣，津人操舟若神。吾问焉，曰：「操舟可学邪？」曰：「可。能游者可教也，善游者数能，乃若夫没人，则未尝见舟谡操之者也。」』

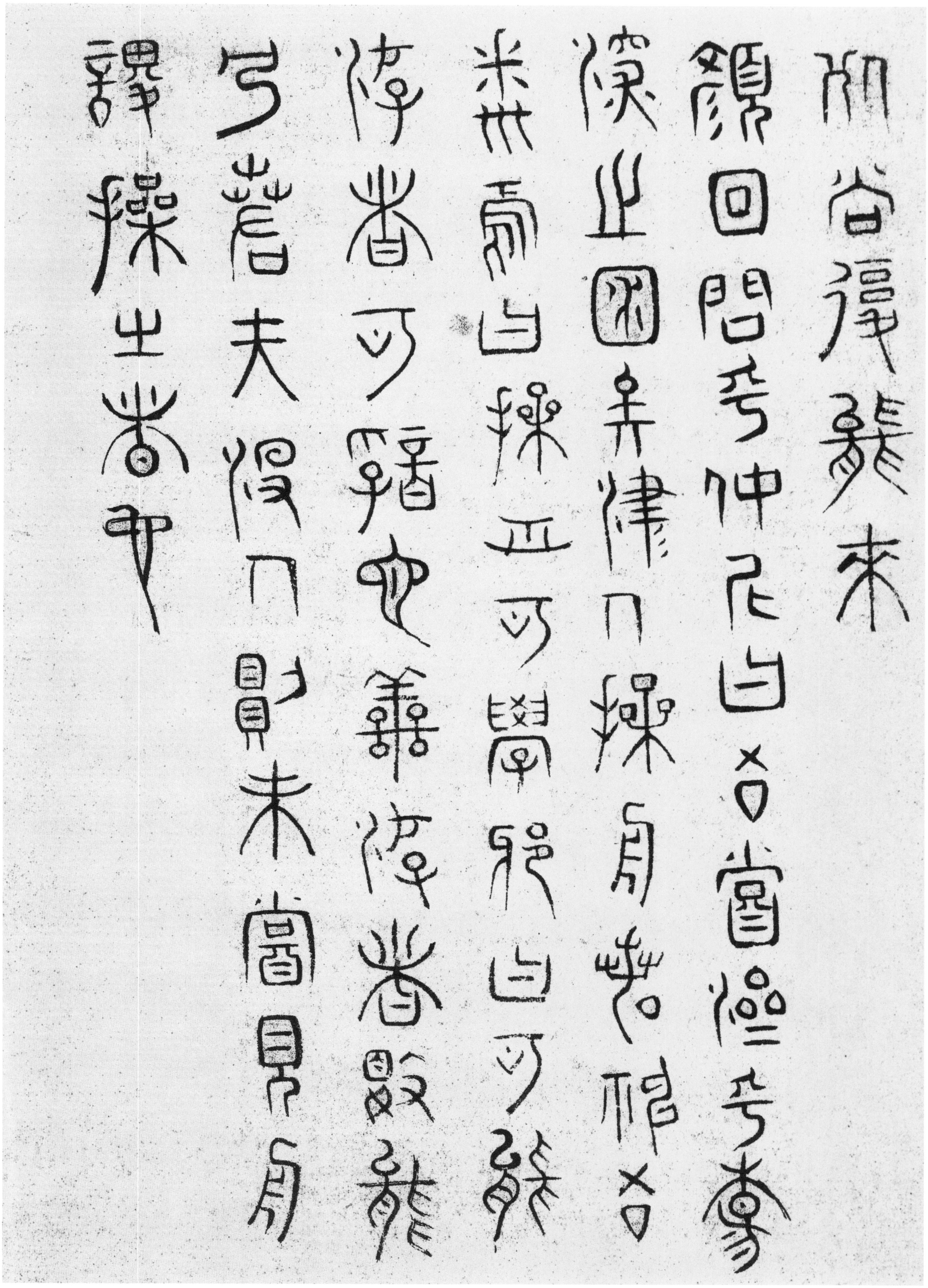

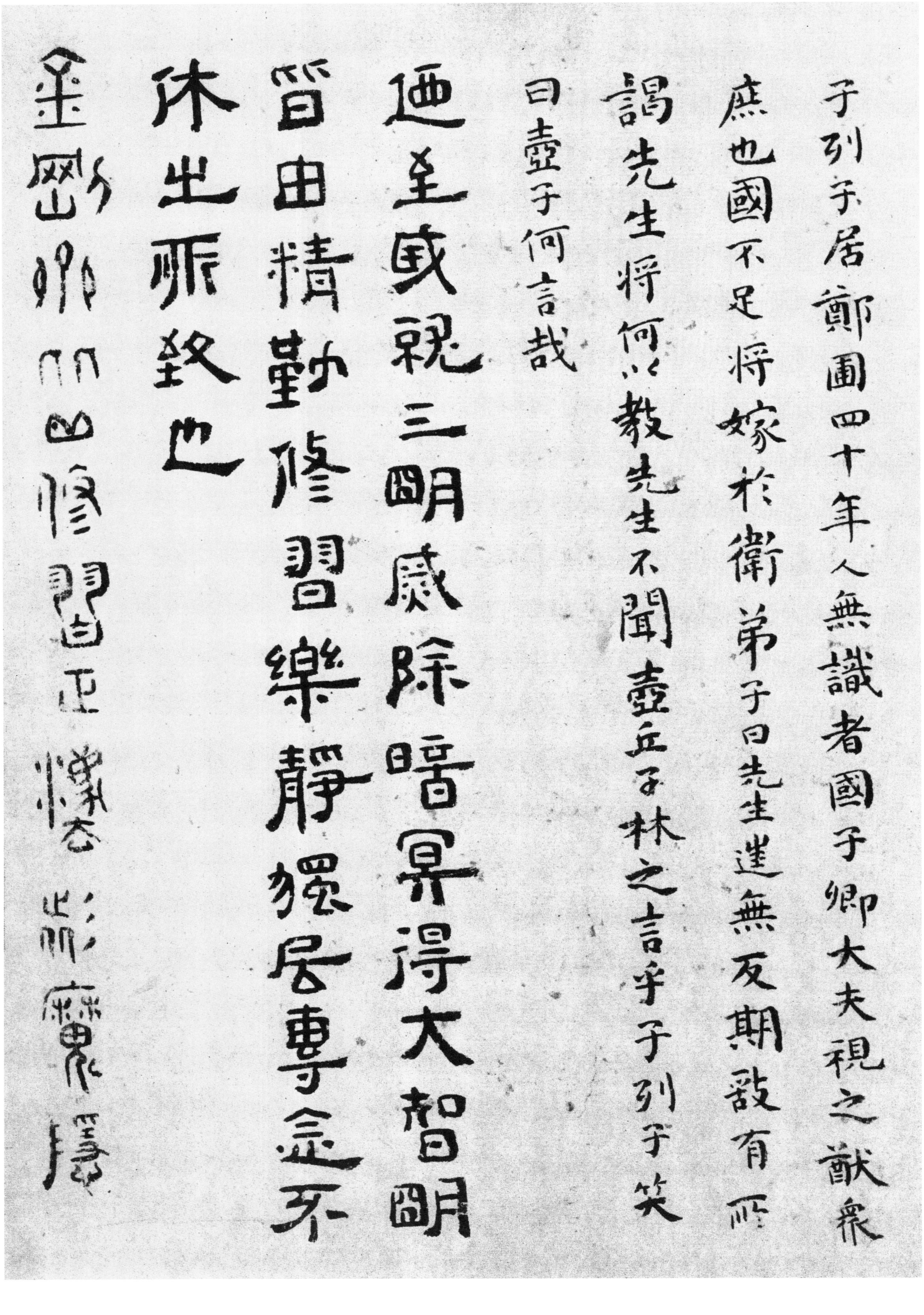

子列子居郑圃四十年，人无识者。国子卿大夫视之，犹众庶也。国不足，将嫁於卫。弟子曰：『先生往无反期，敢有所谒。先生将何以教？先生不闻壶丘子林之言乎？』子列子笑曰：『壶子何言哉？』乃至成就三明，灭除暗冥，得大智明，皆由精勤修习，乐静独居，专念不休之所致也。金刚齐比丘，修习正法，诸魔隐

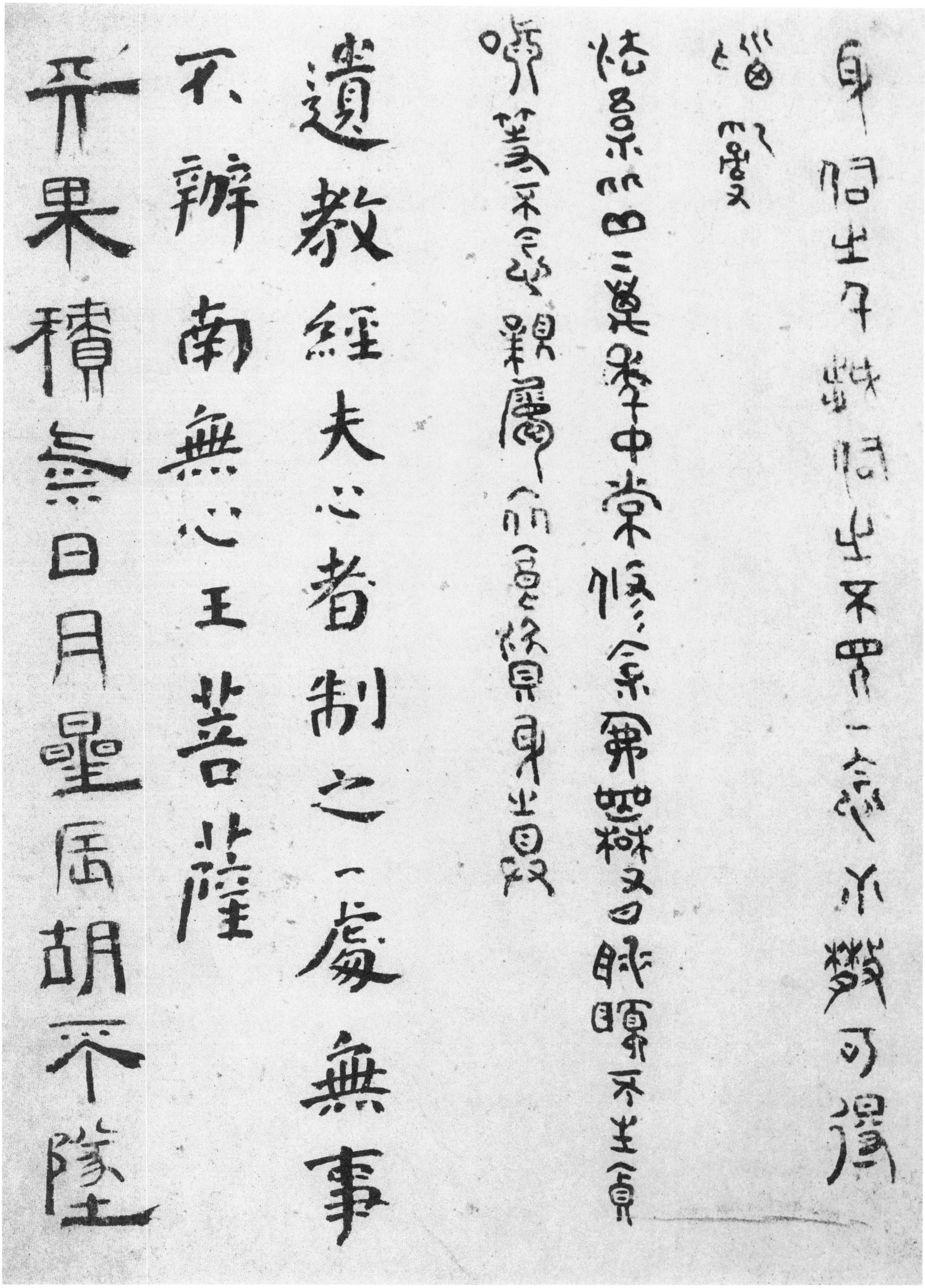

身伺之，千岁伺之，不见一念心散可得恼乱。法悟比丘，二万年中，常修念佛，无有睡眠，不生贪嗔等，不念亲属衣食资身之具。《遗教经》：夫心者制之一处，无事不办，南无心王菩萨。天果积气，日月星辰胡不坠？

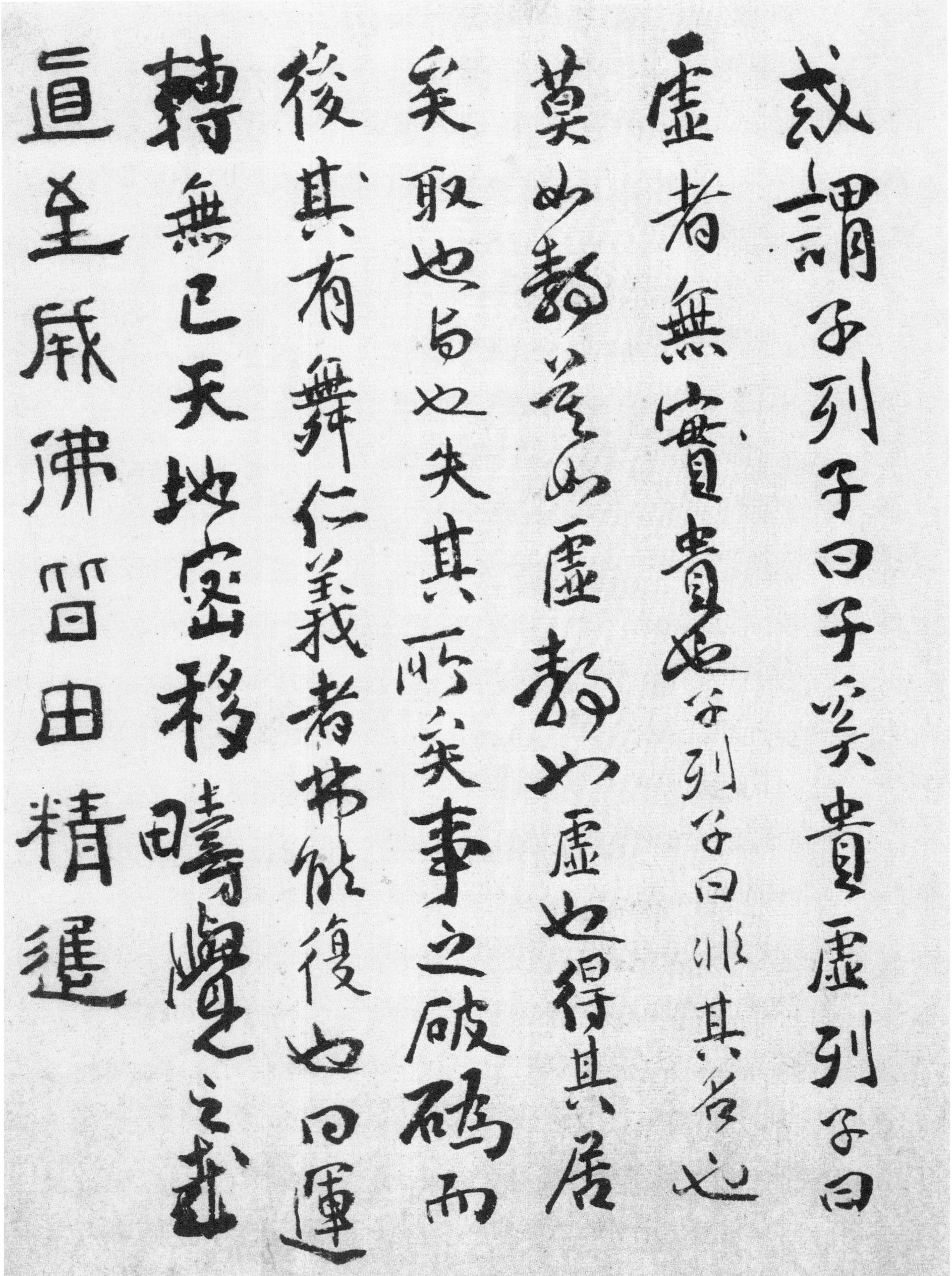

或谓子列子曰：『子奚贵虚？』列子曰：『虚者，无实贵也。』子列子曰：『非其名也，莫如静，莫如虚。静也虚也，得其居矣！取也与也，失其所矣。事之破碣，而后（其）有舞仁义者，弗能复也。』曰：『运转无（亡）已，天地密移，畴觉之哉！』直至成佛，皆由精进。

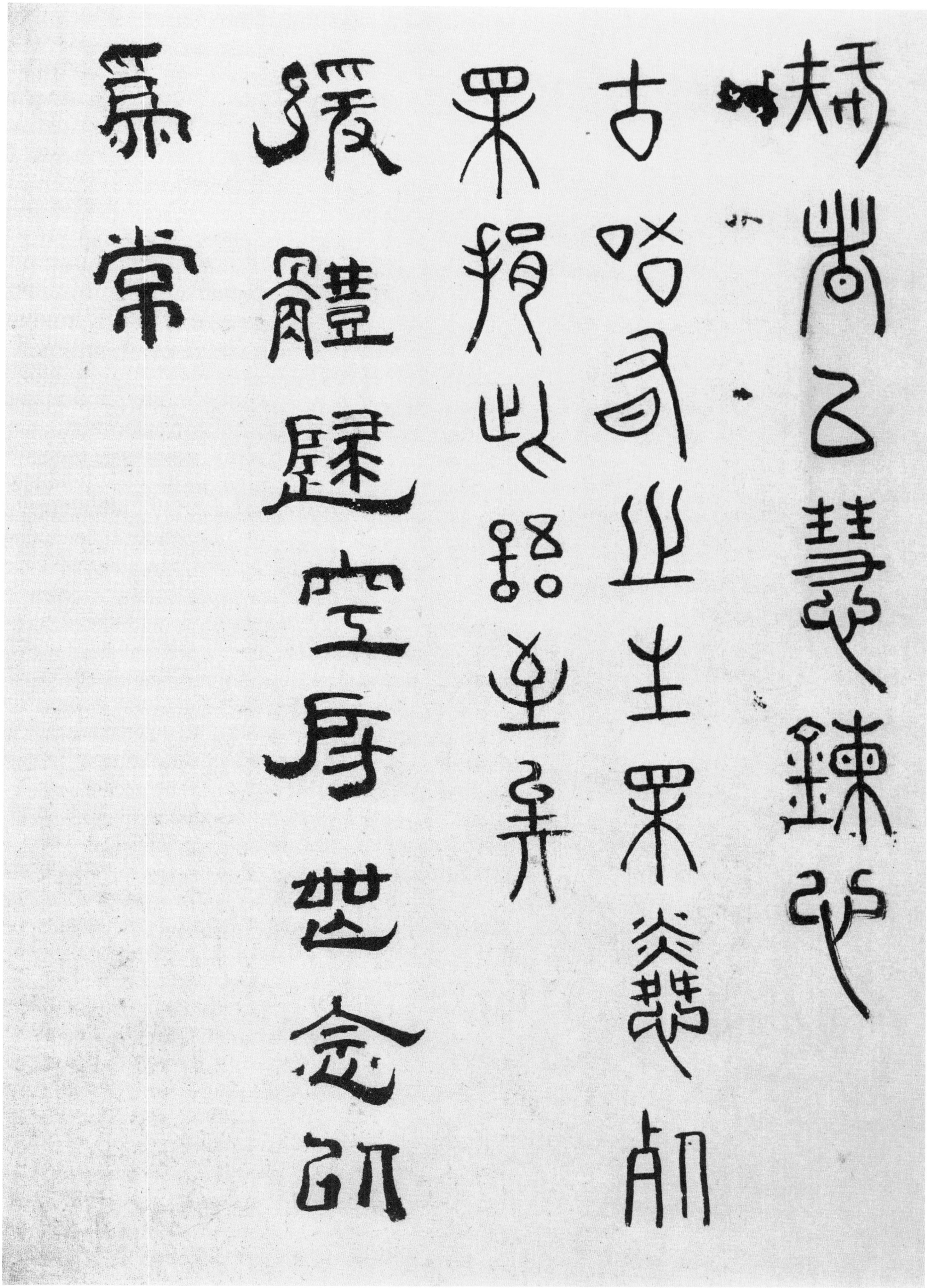

智者以慧炼心。古语有之，『生相怜，死相捐』，此语至矣。缓体归空房，无念以为常。

若能精勤系念不散，则休息烦恼，不久得无上菩提。《大集月藏经》语。一行三昧者，应处空闲，舍诸乱意，系心实理。想念

若能精勤繫念不散則
休息煩惱不久得無上菩
提大集月藏經語．
一行三昧者應處空閑捨
諸亂意繫心實理想念

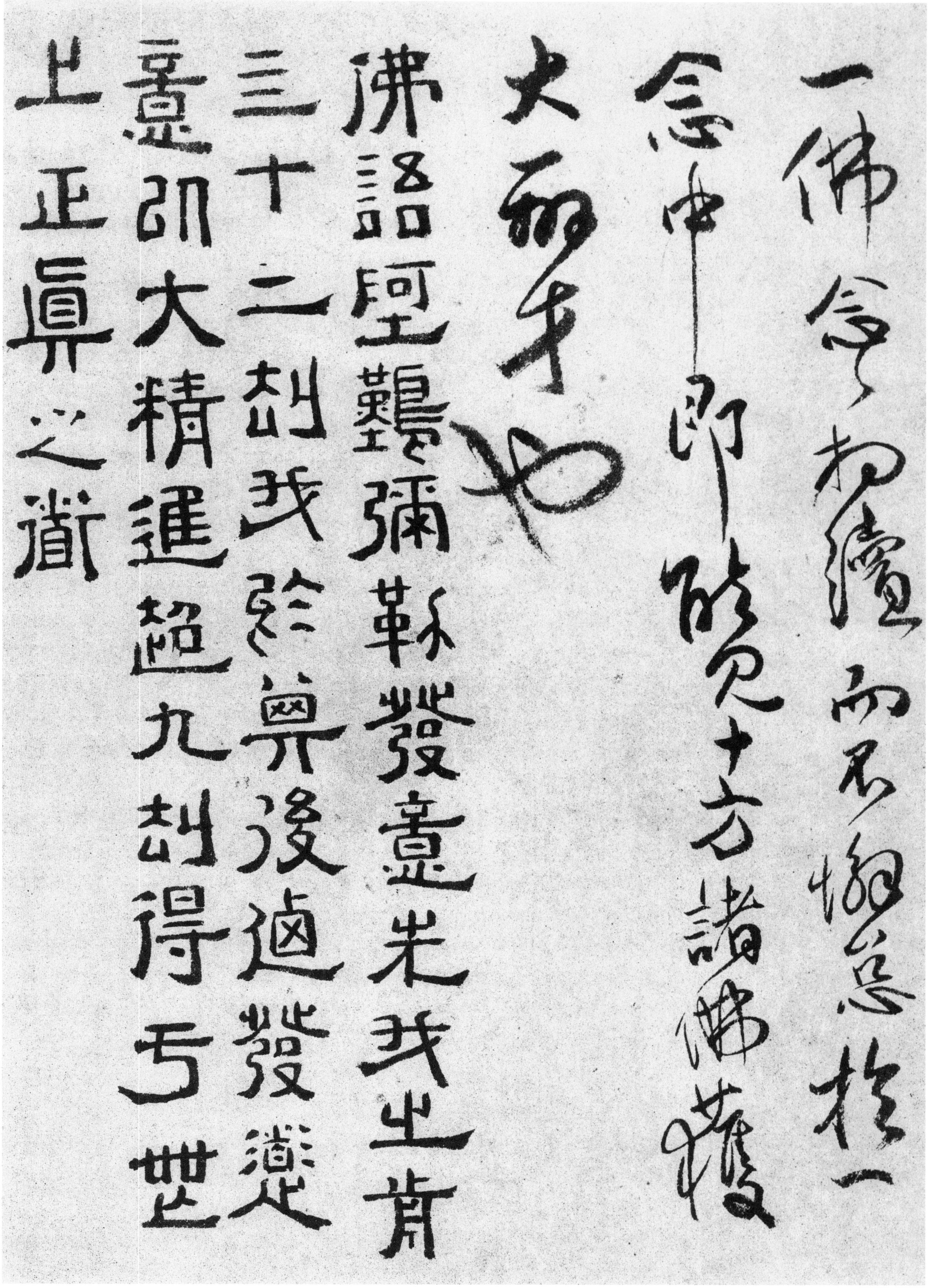

一佛，念念相续，而不懈怠。於一念中，即能见十方诸佛，获大辩才也。佛语阿难，弥勒发意，先我之前，四十二劫。我於其后，乃发道意，以大精进，超九劫，得于无上正真之道。

衛端木叔者，子貢之世也。藉其先資，家累萬金，不治世故，放意所為。其生民之所欲為，人意之所欲玩者，無不為也，無不玩也。墻屋臺榭、園囿池沼、飲食車服、聲樂嬪御，擬齊楚之君焉。至其情所欲好，耳所欲聽，目所欲視

卫端木叔者，子贡之世也。藉其先资，家累万金，不治世故，放意所为。其生民之所欲为，人意之所欲玩者，无不为也，无不玩也。墙屋、台榭、园囿、池沼、饮食、车服、声乐、嫔御，拟齐楚之君焉。至其情所欲好，耳所欲听，目所欲视，

口所欲尝，虽殊方偏国，非齐土之所产育者，无不必致之，犹藩墙之物也。定册帷幕，有安社稷之勋。

口所欲嘗雖殊方偏國非齊土
之所產育者無不必致之猶藩
牆之物也
定冊帷幕有安社
稷之勳

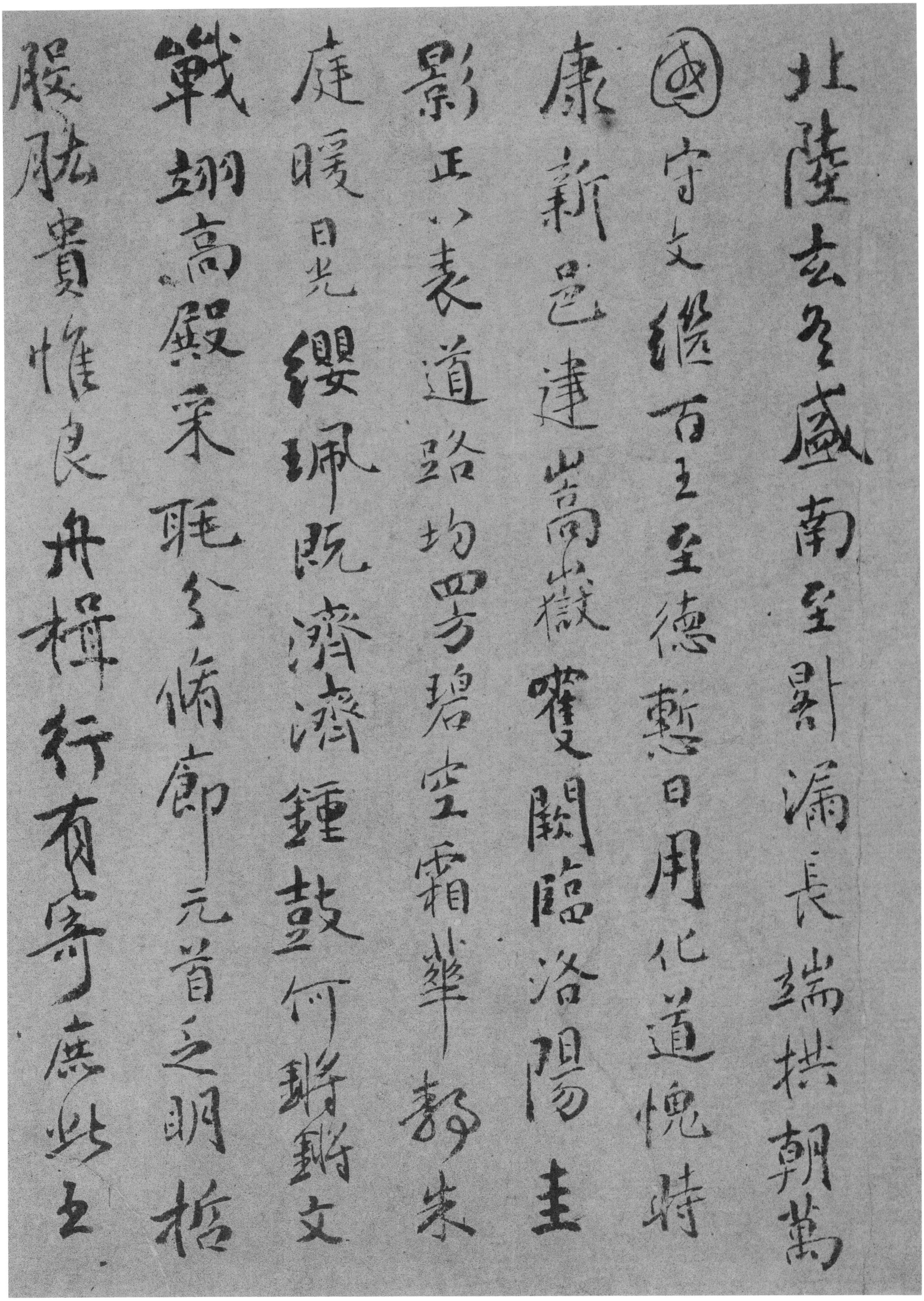
北陸玄冬盛南至晷漏長端拱朝萬
國守文繼百王至德慙日用化道愧時
康新邑建嵩嶽雙闕臨洛陽圭
影正八表道路均四方碧空霜華靜朱
庭暖日光纓珮既濟濟鍾鼓何鏘鏘文
戰翊高殿采旄分脩廊元首之明哲
股肱貴惟良舟楫行有寄庶此王

北陆玄冬盛，南至晷漏长。端拱朝万国，守文继百王。至德惭日用，化道愧时康。新邑建嵩岳，双阙临洛阳。圭影正八表，道路均四方。碧空霜华静，朱庭暖日光。缨珮既济济，钟鼓何锵锵。文战翊高殿，采旄分修廊。元首之明哲，股肱贵惟良。舟楫行有寄，庶此王

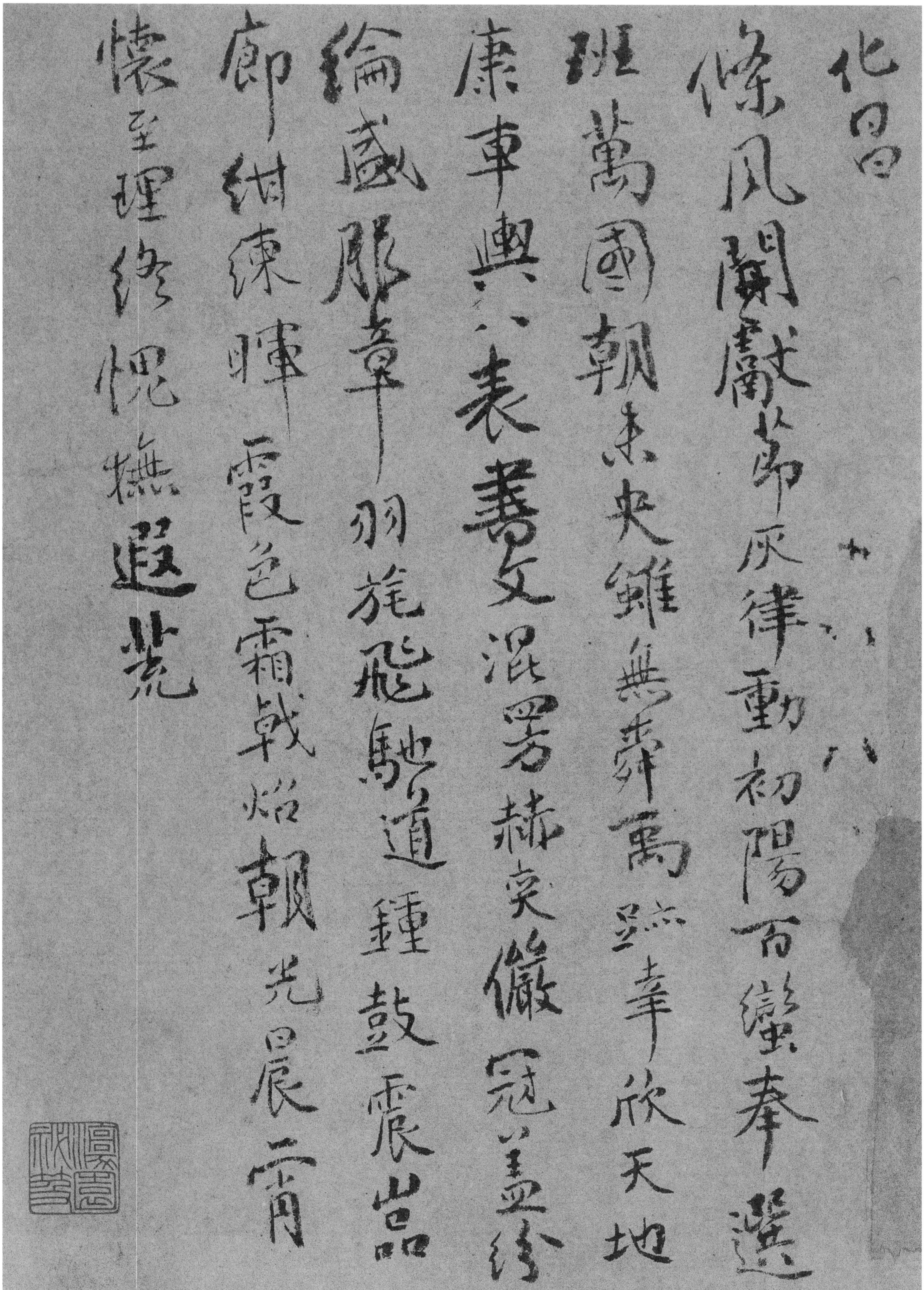

化昌。条风开献节，灰律动初阳。百蛮奉选班，万国朝未央。虽无舜禹迹，幸欣天地康。车舆（同）八表，书文混四方。赫奕俨冠盖，纷纶盛服章。羽旌飞驰道，钟鼓震嵓（岩）廊。绀练辉霞色，霜戟炤（照）朝光。晨宵怀至理，终愧抚遐荒。

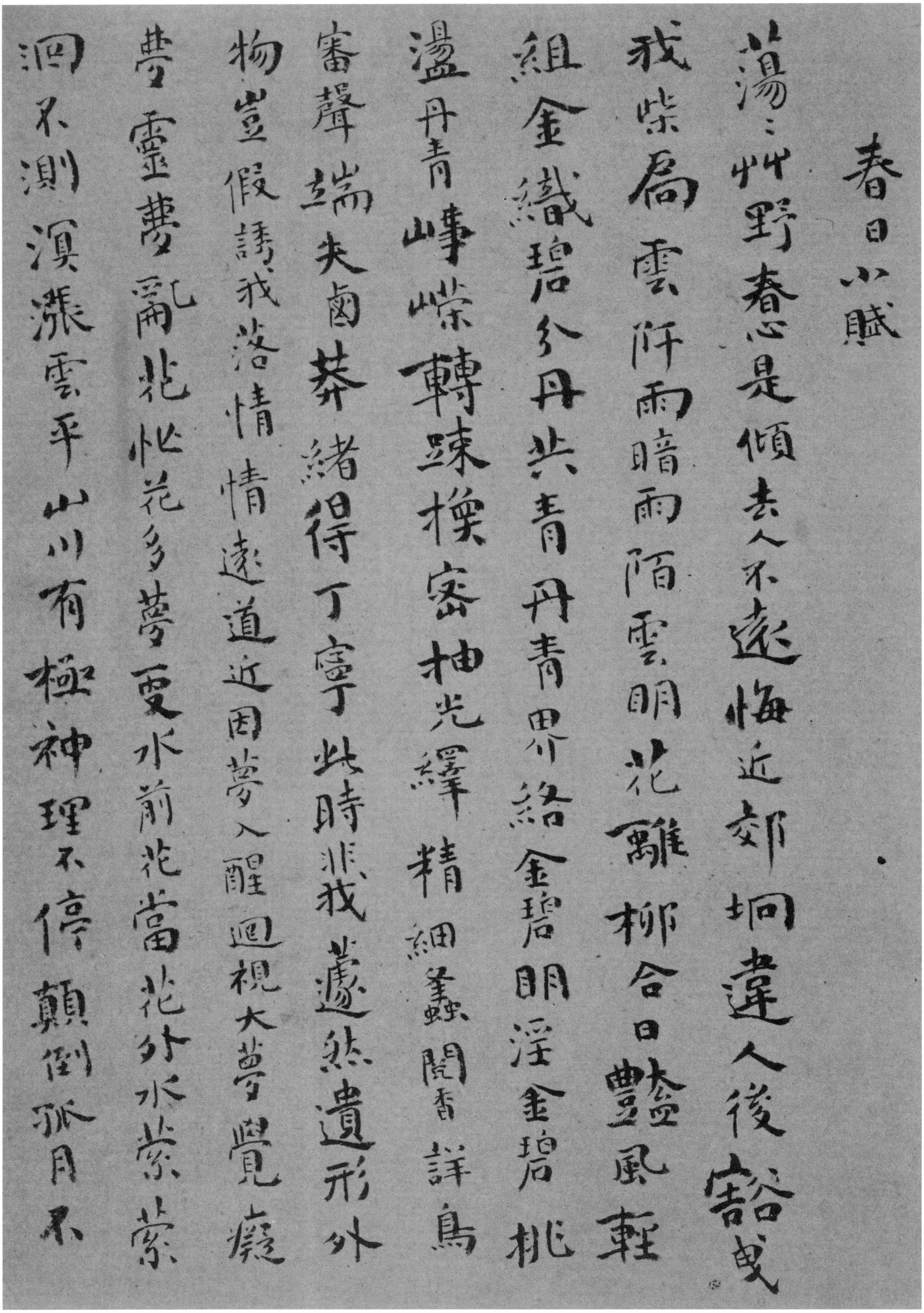

春日小赋。荡荡艸（草）野，春心是倾。去人不远，悔近郊坰。违人后豁，曳我柴扃。云阡雨暗，雨陌云明。花离柳合，日艳风轻。组金织碧，分丹共青。丹青界络，金碧明淫。金碧挑荡，丹青峥嵘。转踈（疏）换密，抽光绎精。细蜂阅香，详鸟审声。端失卤莽，绪得丁宁。此时非我，蘧然遗形。外物岂假，诱我落情。情远道近，因梦入醒。回视大梦，觉痴梦灵。梦乱花忙，花多梦更。水前花当，花外水萦。萦洄不测，溟涨云平。山川有极，神理不停。颠倒孤月，不指列星。比肩步趋，瞠乎不行。君不入梦，谓我径庭。举世蕲乱，尔将汝迎。吾将为寔？吾将为名？有内无外，忍辱则荣。动静专专，其神始凝。古迂今阔，俄经顷营。衾枕昏昏，不惬其生。耳目取资，天地之英。东风吹衣，神庐不盈。谢白若惕，纳红若惊。华年感慨，始叶初茎。不念颓暮，但怜奋苓。春日既鲜，新夜不冥。冥花如雪，凉月如冰。花翻月谍，月避花侦。玩而不丧，虚以损增。良昼佳夜，众兆不诚。勿与人事，蚩蚩之氓。

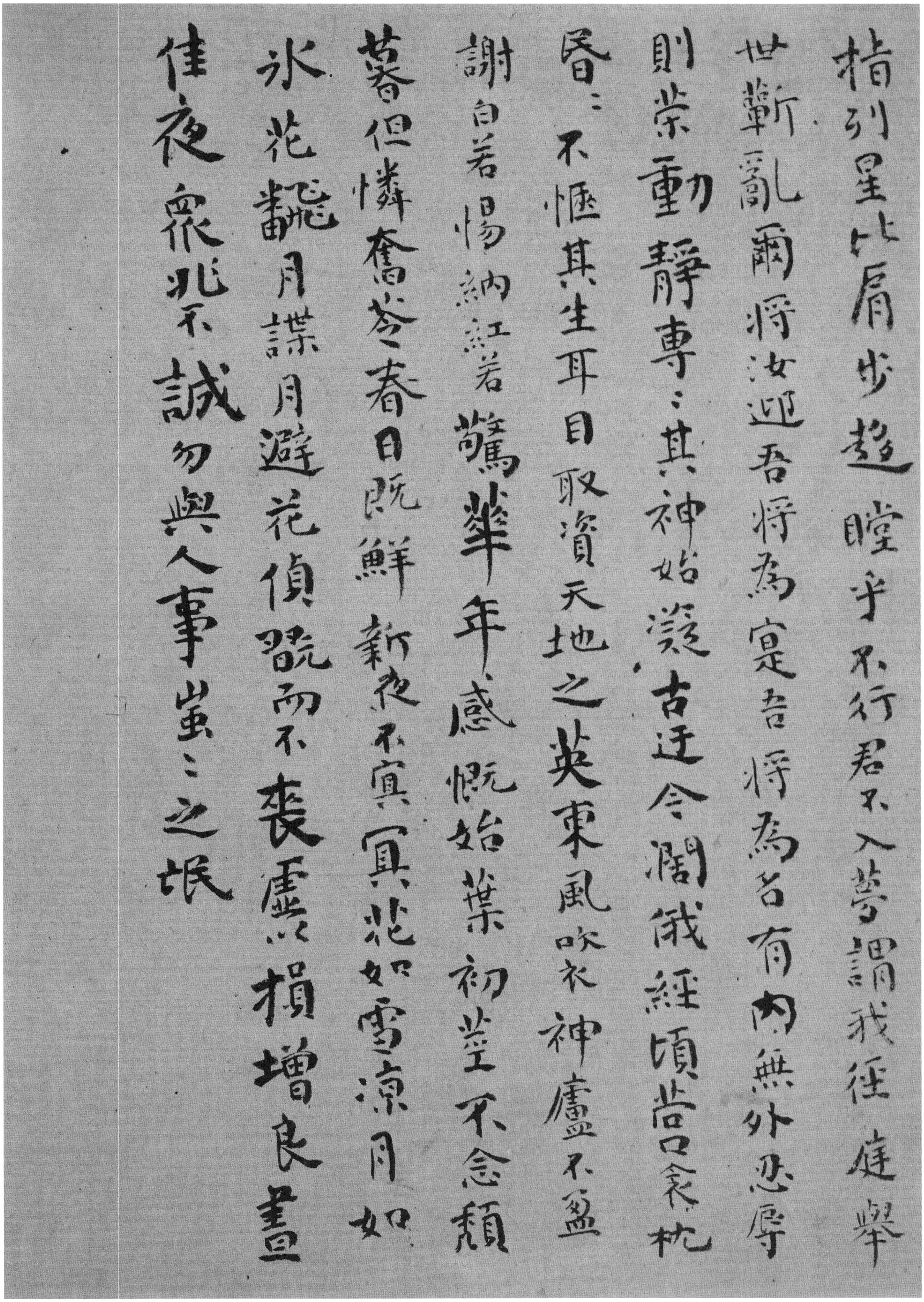

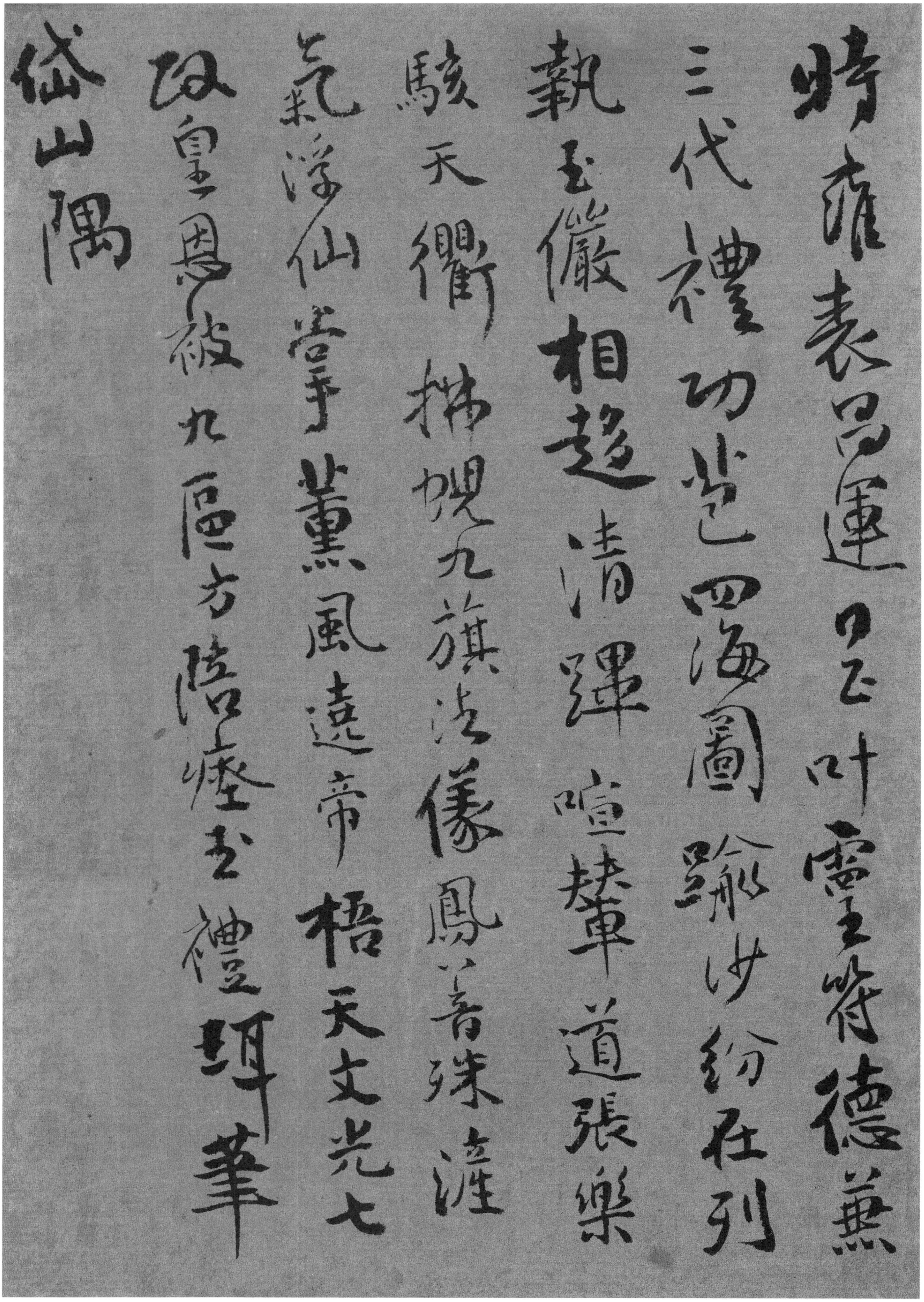
時雍表昌運日正叶靈符德兼
三代禮功苞四海圖踰沙紛在列
執玉儼相趍清蹕喧輦道張樂
駭天衢拂蜺九旗法儀鳳八音殊
氣浮仙掌薰風遶帝梧天文光七
政皇恩被九區方陪瘞玉禮珥筆
岱山隅

时雍表昌运，日正叶灵符。德兼三代礼，功苞四海图。踰（逾）沙纷在列，执玉俨相趍。清跸喧辇道，张乐骇天衢。拂霓九旗法，仪凤八音殊。浐气浮仙掌，薰风绕帝梧。天文光七政，皇恩被九区。方陪瘗玉礼，珥笔岱山隅。